Brücke der Nordbahntrasse

Bergische Bahntrassen

Liebe Radlerinnen und Radler,

War das Bergische Land früher als Naherholungsgebiet hauptsächlich für Wanderer und für Biker bekannt, entdecken zunehmend Radfahrer diese abwechslungsreiche Region für sich. Selbst die Kölner, bisher eher zur Eifel auf der „richtigen" Rheinseite neigend, nehmen den Landstrich vor Ihrer Haustür verstärkt als Freizeitgebiet wahr.

Inhaltsverzeichnis:

Beigetragen haben dazu mehrere Entwicklungen. Der Umbau stillgelegter Bahntrassen mit geringen Steigungen zu touristisch angelegten Radwegen hat einer Erschließung mit dem Rad einen großen Schub gegeben. Der mit hohem bürgerschaftlichen Engagement betriebene Ausbau ermöglicht es erstmals, komfortabel und sicher längere Touren durch die reizvolle Landschaft zu fahren!

Das Angebot an erschwinglichen und technisch hochwertigen Fahrrädern mit oder ohne Antriebshilfe bietet zudem auch weniger sportlichen Menschen die Chance, bergige Touren gut zu bewältigen. Und nicht zuletzt ist es dem Strukturwandel zu verdanken, dass in den letzten Jahrzehnten eine Renaturierung der Flüsse durchgeführt werden konnte. Erst so konnte sich der Tourismus in dem wasserreichen Gebiet überhaupt erfolgreich gegen die klassischen Radregionen behaupten.

Natur und Kultur des Bergischen Landes

In dem großen Naturpark Bergisches Land wird das symbiotische Miteinander von Natur- und Kulturraum konsequent angestrebt. Durch die Besiedelung und landwirtschaftliche Nutzung ist hier eine Mischung aus Feldern, Streuobstwiesen, kleineren Waldgebieten, etlichen Talsperren und malerischen Bachtälern bzw. Siepen entstanden. Diese gilt es nun gegen Umweltsünden und invasive Pflanzen (nicht nur der wuchernden Wupperorchidee) an Flussläufen und Brachen zu erhalten.

Das Kulturelle Vermächtnis erscheint weniger bedroht. Die typischen architektonischen Kennzeichen des Bergischen (Dreiklang aus Fachwerk, grüne Fensterläden, weiße Laibungen sowie Schiefer und Bruchstein) werden im Gegenteil liebevoll gepflegt und sind das Markenzeichen des Landes. Hierzu gehören für Ausflügler natürlich die beliebten Waffeln und die traditionelle Bergische Kaffeltafel met allem dröm un dran. Über eine angemessene Erinnerung an die (vor)industrielle Zeit kann man sich angesichts der historischen Informationstafeln am Weg und Museen nicht beklagen. Bei einer Beschäftigung damit wird deutlich, welche Arbeit an der Wupper (dem „fleißigsten Fluss Deutschlands“) und den anderen Wasserkraftlieferanten im Lauf der Geschichte vollbracht wurden.

Charakteristik der Touren

Die Rundtouren und die eine Streckentour sind zwischen 15 und 70 km lang und können jeweils an einem Tag gefahren werden. Alle Touren verlaufen sowohl über alte Bahntrassen als auch über verkehrsarme kleinere Straßen, Wirtschafts- und Waldwege. Gelegentlich ist eine Hauptstraße dabei.

Es handelt sich also nicht um reine Bahntrassen-Touren. Der Anteil der Strecke, der jeweils über alte Bahntrassen verläuft, liegt dabei zwischen 21% (Tour 7) und 86% (Tour 6). Dies sind also die Abschnitte, auf denen Steigungen zwar vorkommen, aber mit bis zu 2% sehr moderat ausfallen – zusammen mit der Verkehrsfreiheit **das** Wohlführargument des Bahntrassenradelns. Es ist klar, dass abseits dieser Trassen dann Steigungen vorkommen, die aber mit Kraft, Watt oder Zeit gut zu bewältigen sind.

Für diejenigen, die das nicht möchten und statt einer Rundtour lieber reines Bahntrassenradeln suchen: in den Karten sind die Bahntrassenabschnitte extra gekennzeichnet! So kann man sich wenn gewünscht auf diese Abschnitte konzentrieren und diese z.B. auch als Streckentour zurücklegen.

Denn anders als vor und wieder zurück geht es leider nicht, wenn man ausschließlich auf alten Bahntrassen unterwegs sein möchte. Da dies jedoch irgendwann langweilig werden kann, besteht einer der großen Mehrwerte dieses Radführers in der Einbindung der Bahntrassen in erlebnisreiche Rundtouren. Und um es noch interessanter zu machen, gibt es zu diesen auch noch Abstecher und Varianten.

Die GPX-Tracks enthalten alle Touren inklusive der Abstecher und Varianten. In GPS-Seminaren des Autors (ADFC-Duisburg) kann die Planung von weiteren Touren am PC erlernt werden.

Start und Ziel liegen, wo es möglich ist, an Bahnhöfen. Das Dilemma mit den Bahntrassen ist natürlich, dass (wohl zum Glück) nicht gleichzeitig ein Betrieb mit Fahrrädern und Bahnen machbar ist. Daher fungieren ebenso Parkplätze als Ausgangsbasis. Allerdings sind alle Touren von einem Bahnhof aus über andere Streckenabschnitte erreichbar.

Viel Vergnügen bei der Entdeckung des vielfältigen Bergischen Landes wünscht Ihnen nun

Ihr Peter Flesch

An- und Abreise mit der Bahn

Bei den Starts an Bahnhöfen bietet sich die Hin- und Rückfahrt mit den Bahnen des VRR (und VRS) an:
Tour 1: S6 von Essen nach Düsseldorf
Tour 2: S3 von Essen nach Hattingen
Tour 3 – 6: die S8, S9, RE4 und RE13 über Wuppertal-Vohwinkel
Tour 6, 7 und 9: die S7 von Wuppertal nach Solingen
Tour 8: die RB48 von Köln nach Wuppertal
Tour 10 + 11: die RB25 von Köln nach Marienheide

In den Mehrzweckabteilungen aller Züge ist eine Fahrradmitnahme vorgesehen, wenn diese nicht zu voll sind. Wer im VRR ein Ticket2000 besitzt, hat am Wochenende in der Region Süd freie Fahrt inklusive Rad und darf einen Erwachsenen und drei Kinder mitnehmen. Die Mitfahrer brauchen nur ein Zusatzticket für ihr Rad pro Fahrt oder besser für den ganzen Tag. In Gruppen bis zu fünf Personen könnte sich der Erwerb eines NRW-weiten Tickets lohnen. Weitere Informationen erhalten Sie bei der Bahn (01805 / 99 66 33; 014 € pro Min. aus dem Festnetz) bzw. unter **www.bahn.de/bahnundbike**. Der Fahrgastverband PRO BAHN hilft kompetent und neutral bei speziellen Fragen oder Problemen (0203 / 398 16 98) bzw. unter **www.probahn-nrw.de**.

Ergänzendes Kartenmaterial:

- **ADFC-Regionalkarte Bergisches Land/Köln/Düsseldorf**, 1:75.000, ISBN 978-3-87073-950-8
- **ADFC-Regionalkarte Ruhrgebiet West**, 1:50.000, ISBN 978-3-87073-830-3
- **ADFC-Regionalkarte Ruhrgebiet Ost**, 1:50.000, ISBN 978-3-87073-829-7
- **ADFC-Radausflugsführer Alte Bahntrassen im Sauerland**, 1:50.000, ISBN 978-3-87073-611-8
- **ADFC-Radausflugsführer Ruhrgebiet West**, 1:50.000, ISBN 978-3-87073-590-6
- **ADFC-Radausflugsführer Ruhrgebiet Ost**, 1:50.000, ISBN 978-3-87073-583-8

Regionalkarten auch als App für iPhone und iPad: www.fahrrad-buecher-karten.de/rk-digital

Kartenübersicht für Fernradfahrer

Aus den einzelnen Bahntrassenradwegen wurde von der Bergischen Enwicklungs-agentur und Dr. Achim Bartoschek (www.bahntrassenradeln.de) der Trassen-verbund der Panorama-Radwege entwickelt. Dieser Trassenverbund ist durch zwei ADFC-Radführer komplett abgedeckt (s. unten rechts).

Im Gegensatz zu der Tagesrundtouren-Übersicht in der vorderen Umschlagklappe sehen Sie hier nur exakt die Kartenseiten, die die Panorama-Radwege beinhalten: für die große Tour zwischen Rhein, Ruhr und Sieg!

- Bergischer Panorama-Radweg 133 km (davon 89 km auf alten Bahntrassen)
- Panorama-Radweg Niederbergbahn 40 km (davon 23 km auf alten Bahntrassen)
- Panorama-Radweg Balkantrasse 37 km (davon 21 km auf alten Bahntrassen)
- Ruhr-Sieg-Radweg 113 km (davon 37 km auf alten Bahntrassen)

Diese Karten sind in dem Ihnen vorliegenden Radführer enthalten.

Mit Niederbergbahn, Balkantrasse und Bergischem Panoramaradweg (incl. Nordbahntrasse) bis Olpe, insg. 11 Touren.

Diese Karten sind in dem benachbarten Radführer "Alte Bahntrassen im Sauerland" enthalten.

Mit Ruhr-Sieg-Radweg + weiteren Bahntrassenradwegen (MöhnetalRadweg, SauerlandRadring, Bergischer Panoramaradweg von Marienheide bis Olpe), insg. 10 Touren.

Zum Gebrauch des ADFC-Radausflugsführers

Der ADFC-Radausflugsführer besteht inhaltlich aus den jeweiligen Tourenvorschlägen und einem gesammelten Anhang mit Adressen von Touristinformationen, Fahrradwerkstätten und Bett+Bike-Übernachtungsbetrieben.

Jeder Tourenvorschlag besteht aus jeweils

- einer Tourenübersichtsseite,
- einer touristischen Tourenbeschreibung mit Informationen zu Sehenswürdigkeiten,
- einem Kartenteil mit dazu passenden, detaillierten Wegbeschreibungen.

Abgerundet wird alles durch den praktischen Komfort-Umschlag und die kostenlosen GPS-Track-Daten.

Tourenübersicht (je 1x proTour)

Diese Seite bietet Ihnen Kurzinfos zur jeweiligen Tour. Sie besteht aus einer Kartenskizze mit Kilometrierung und einer Übersichtstabelle mit Infos zu Tourenlänge, Anfahrt, Beschilderung, Wegbeschaffenheit und Steigungen.

Touristische Tourenbeschreibung (je 1x proTour)

Dieser Teil dient der Tourenvorbereitung bzw. -auswahl. Er beschreibt den Tourenverlauf in groben Zügen mit besonderem Augenmerk auf die Sehenswürdigkeiten entlang der Strecke. Er soll Ihnen einen Einblick geben, was diese Tour erlebenswert bzw. erfahrenswert macht.

- Der Text ist übersichtlich nach Orten und Sehenswürdigkeiten strukturiert. Die roten Sehenswürdigkeits-Nummern bilden dabei die perfekte Orientierung und Verbindung zu Karten und Wegbeschreibungen (s.u.).
- Informationen zum Routenverlauf sind hier bereits skizziert – für Details gibt es den folgenden Abschnitt zu jeder Tour:

Kartenteil + Wegbeschreibung (je 1x pro Tour)

Dieser Teil dient der optimalen Orientierung und Navigation während der Tour. Die hier platzierten exakten Karten 1:50.000 (Stadtpläne 1:15.000) und detaillierten Wegbeschreibungen sind **immer innerhalb einer Doppelseite passend zueinander angeordnet**. Somit entfällt lästiges Hin- und Herblättern zwischen Karte und Wegbeschreibung! In die meisten handelsüblichen Lenkertaschenhüllen passt der Radausflugsführer im aufgeschlagenen Zustand.

Damit Sie nicht an den naheliegenden Sehenswürdigkeiten vorbeiradeln, sind diese nochmals in der Wegbeschreibung aufgeführt. Anhand der roten Sehenswürdigkeits-Nummer 1 können Sie gezielt im touristischen Tourenbeschreibungsteil (s.o.) die dazugehörenden Informationen nachschlagen.

- Die Farbe der Radroute stellt deren Status dar: rot = Hauptroute, orange = Varianten und Abstecher.
- Die Form der Radrouten-Linie stellt die Wegeoberfläche und die Kfz-Belastung dar (stark, mäßig oder wenig/gar nicht befahren, Asphalt, Waldwege, schlechte Oberfläche – siehe Legende).
- Die Hauptroute ist in Karte und Wegbeschreibung mit einer fortlaufenden Kilometrierung versehen.
- Sowohl Haupt- als auch Nebenrouten sind mit Steigungspfeilen versehen.
- Die Übernachtungsbetriebe, die nach den strengen Bett+Bike-Richtlinien des ADFC zertifiziert sind, sind in der Karte mit Symbol und Nummer dargestellt (1), anhand derer sich der Betrieb im Übernachtungsverzeichnis (s.u.) wiederfinden lässt.

- Schwarze Nummern ❶ (Orientierungspunkte) verbinden Wegbeschreibung und Karte.
- Rote Nummern ❶ (Sehenswürdigkeitspunkte) weisen darauf hin, dass diese Sehenswürdigkeiten in der touristischen Tourenbeschreibung (s.o.) näher beschrieben werden.

Adressverzeichnis

Hier finden Sie Adressen von Touristinformationen, Fahrradwerkstätten und Übernachtungsbetrieben.

Das Übernachtungsverzeichnis beinhaltet Adressen, Telefonnummern, Internetadressen und Preiskategorien. Die Bett+Bike-Betriebe sind sortiert nach Orten und sind zusätzlich mit einem entsprechenden Symbol und einer Nummer (1) gekennzeichnet – ein schnelles Wiederfinden in der Karte garantiert. Wir empfehlen immer, vorm Ansteuern eines Übernachtungsquartiers dort anzurufen, da hin und wieder Betriebe ausgebucht sind oder nicht mehr existieren.

Komfort-Umschlag

Der Umschlag des ADFC-Radausflugsführers verfügt über zwei praktische Klappen mit oft benötigten Informationen – vor und während Ihrer Tour:

- Obere Umschlagklappe mit Tourenübersicht: diese dient der großräumigen Orientierung. Hier sind alle Touren sowie Bahnhöfe und wichtige Sehenswürdigkeiten eingetragen.
- Untere Umschlagklappe mit Kartenlegende. Hier ist die Zeichenerklärung jederzeit schnell zu finden – und kann auch als praktisches Lesezeichen verwendet werden!

GPS-Track-Download

Mit dem Code **BEBAHN-04-965-449-RA** können Sie sich unter **www.fahrrad-buecher-karten.de** die zum Radführer passenden gpx-Tracks kostenlos herunterladen.

Musterkartenausschnitt

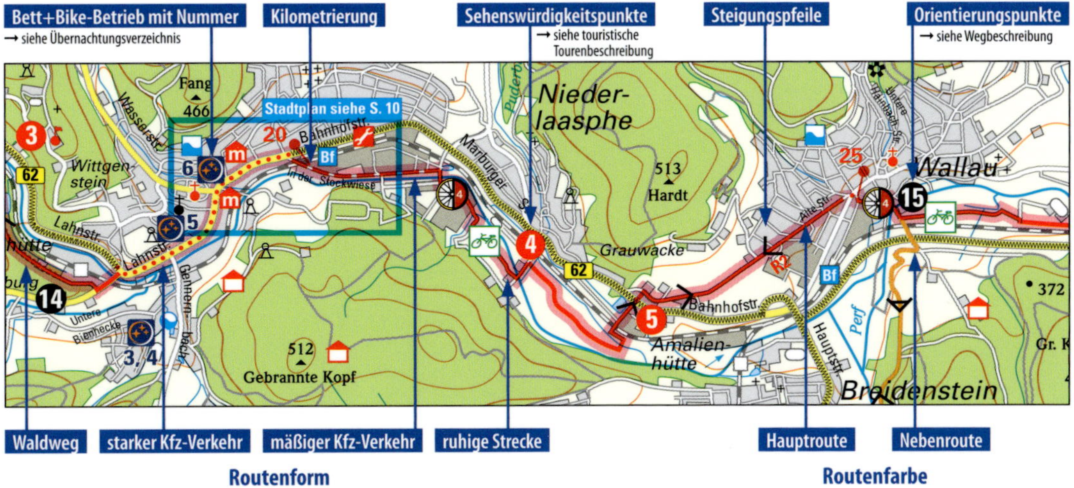

Niederbergbahn-Aussicht Richtung Ruhrtal

Tour 1
Von der Ruhr ins Bergische Land

über den Panorama-Radweg Niederbergbahn

Diese Tour verbindet die Niederbergbahntrasse mit dem Angerbachtal zu einer fast steigungsfreien Rundtour. Neben schönen Ausblicken von Viadukten ist sie eine gute Möglichkeit, viel über das Bergische Land und seine Bewohner zu erfahren. Dazu dienen bereits die zahlreichen Infostelen direkt an der Bahntrasse - die dazu passenden Museen stellen die bergischen Spezialitäten (nicht nur der Küche) vor und zeigen die Lebens- und Arbeitswelt früherer Generationen. Alternativ zur Rundtour wird auch der komplette Verlauf des Panorama-Radwegs Niederberg-

Tour 1	Tourinformationen
Start/Ziel	S-Bahnhof Kettwig Bf S
Länge/Varianten	52 km + Abstecher (1,6 km Altstadt Kettwig + 2,7 km Abtsküche + 2,3 km Velbert + 1,8 km Wülfrath + 1,7 km Burg Gräfgenstein) Bahntrassenanteil 23 km / 40%
Ausschilderung	Panorama-Radweg Niederbergbahn, EUROGA, Radnetz NRW
Wegbeschaffenheit	Überwiegend asphaltiert, im Angerbachtal einige Waldwege
Steigungen	Auf der Niederbergbahn gering, kleine Steigungen vor und nach Ratingen

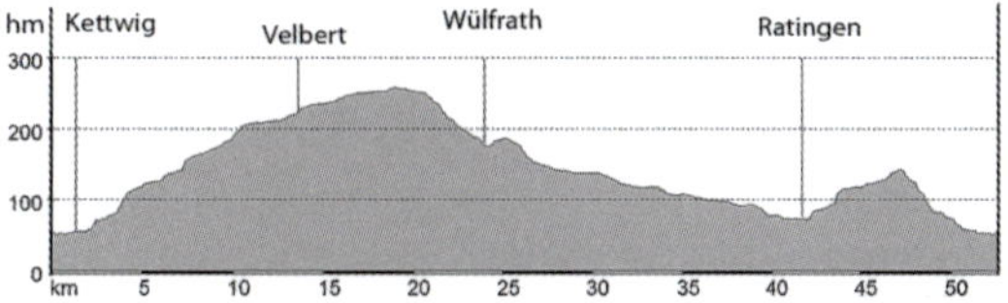

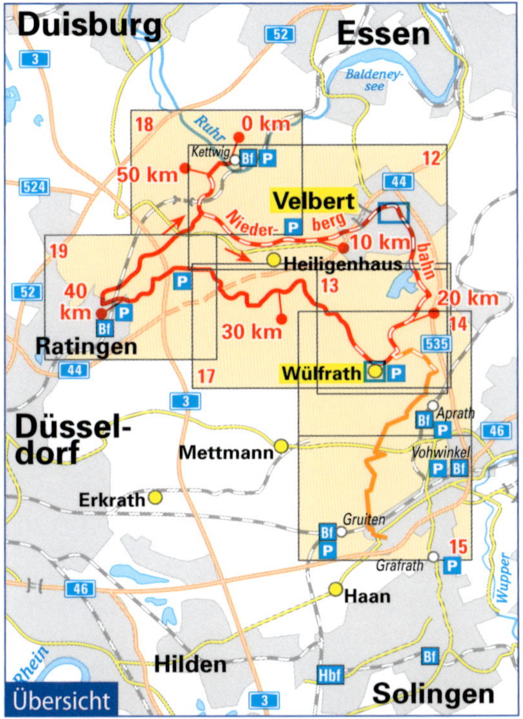

bahn bis zum Anschluss an den Bergischen Panorama-Radweg im Norden Solingens beschrieben.

DIE TOUR BEGINNT am S-Bahnhof Kettwig Bf Ⓢ. Gleich zu Beginn empfiehlt sich ein Abstecher zur

❶ Altstadt Kettwig

Auf einem Hügel über der Ruhr gelegen, ist die historische Altstadt mit gemütlichen Lokalen und Läden ein sehr beliebter Ausflugsort. Durch die Topographie ergeben sich immer neue Perspektiven auf Kettwig mit seinen vielen gut erhaltenen Fachwerkhäusern. Zwanzig Hinweistafeln des Historischen Pfads informieren über geschichtliche Bauten und Plätze.

Nach Überqueren der Ruhr fahren wir an der ***Rindsberger Mühle*** *vorbei. Nach einem ganz kurzen Anstieg und Durchfahren einer Bahnunterführung erreichen wir schon die Trasse der*

❷ Niederbergbahn

Der im Jahr 2011 eröffnete Panorama-Radweg Niederbergbahn umfasst ca. 40 km von Kettwig über Velbert und Wülrath bis zum Anschluss an die Korkenziehertrasse im Norden von Solingen. Die eigentliche Bahntrasse verläuft allerdings auf „nur" ca. 23 km bis Wülfrath.

In kürzester Zeit hat die Trasse eine außerordentliche Akzeptanz erfahren. Durch die für Bahntrassen typisch mäßigen Steigungen, den fast kreuzungsfreien Verlauf und den asphaltierten Untergrund ist der Weg für Familien mit Kindern sowie für weniger Trainierte gut geeignet.

Kettwig

Als das Besondere der Niederbergbahn wird von den meisten Befragten v.a. die abwechslungsreiche Landschaft mit den (besonders von den Viadukten) schönen Aussichten genannt. Einmalig ist die einheitliche Gestaltung der Brücken mit Namensbezeichnungen. Zahlreiche Informationsstelen mit Karten, Fotos und Texten von interessanten Orten, Pflanzen, Tieren oder auch geschichtlichen Personen aus der Region runden das Bild ab.

Waggonbrücke Heiligenhaus

Wir folgen der Niederbergbahn und passieren zwei Viadukte mit atemberaubenden Aussichten. In Heiligenhaus erreichen wir eine nicht weniger außergewöhnliche, wenn auch deutlich kleiner geratene Brücke – die

❸ Waggonbrücke Heiligenhaus

Diese ist die deutschlandweit erste und bisher einzige ihrer Art. Das besondere: die Brücke ist nicht **für** Waggons gedacht, sondern sie **ist** einer! Wenn Sie sich kurz die Zeit nehmen, die Trasse verlassen und sich das Werk von der Seite bzw. von unten von der Bahnhofstraße betrachten, werden Sie staunen: der Rungenwagen ist noch vollständig erhalten mit Drehgestellen, Puffern und allem was dazugehört.

Weiter führt uns die Trasse bis zur Abtskücher Straße, an der wir einen kleinen Abstecher zu drei Museen unternehmen können:

❹ Museen Abtsküche

Neben dem **Museum Abtsküche** zur bäuerlichen Lebens- und Arbeitswelt mit einem Kolonialwarenladen und vorindustriellen Handwerkstätten befindet sich hier ein **Feuerwehrmuseum** und nicht weit entfernt im Naherholungsgebiet Paradies am Vogelsangbach ein **Waldmuseum** – alles mit freiem Eintritt. Um den Stauteich bilden der Wehrturm, die Kapelle und der Hof eine idyllische Kulisse, die gerne für Hochzeiten genutzt wird.

Und immer weiter geht es auf der alten Bahntrasse in Richtung Velbert. Wir überqueren ein weiteres großes Viadukt. Anschließend erreichen wir Velbert und können kurz vor dem Spielplatz einen kleinen Abstecher unternehmen zum

❺ Deutschen Schloss- und Beschlägemuseum

Das Museum ist etwas versteckt im Forum Niederberg untergebracht. Die reichhaltige Sammlung von Erzeugnissen gegen unerwünschten Besuch bzw. Verlust umfasst Gegenstände aus einem Zeitraum von 5.000 Jahren bis zum heutigen Stand der Technik. Sie wird als modernes Erlebnismuseum präsentiert. Die Gründe für die Entstehung dieser Kombination aus Denksportarbeit und handwerklicher Produktion waren u.a. der notwendige Zuverdienst wegen der kargen Böden in der Region.

In Velbert biegt die Bahntrasse nach Süden ab und bringt uns mit ganz kurzer Unterbrechung, wo wir auf eine Straße ausweichen müssen, bis Wülfrath. Dort kommen wir zunächst vorbei am

❻ Zeittunnel

Ein außergewöhnlicher Ort für Jung und Alt ist der Zeittunnel. Er befindet sich im stillgelegten Abbautunnel des Bochumer Bruchs und besticht mit einer sinnlichen Reise durch jedes Erdzeitalter mit der jeweiligen Flora und Fauna (z.B. Saurier, allerdings nicht lebend!). Dazu gibt es ein Museums-Café und einen -shop. Auf dem Gelände finden außerdem Open-Air-Kino, Konzerte und Veranstaltungen für die vielen Besucher im Sommer statt. An der Aussichtsplattform „Zeitsprung" des ehemaligen Kalksteinbruchs Schlupkothen (1 km östlich) schwebt man 50 m direkt über der Abbruchkante.

Am Zeittunnel teilt sich die Bahntrasse – der westliche Ausläufer tangiert die Wülfrather Innenstadt und endet an der Angerbachtalbrücke. In der anderen Richtung endet die Trasse ebenfalls bald. Der ausgeschilderte Panorama-Radweg Niederbergbahn verläuft allerdings noch weiter nach Süden auf ruhigen Nebenstraßen bis in den Solinger Norden zur Korkenziehertrasse.

Wer die Rundtour zurück nach Kettwig unternehmen möchte, fährt hier rechts. In Höhe des ehemaligen Wülfrather Bahnhofs bietet sich ein Abstecher in die Innenstadt an zum

❼ Kirchplatz Wülfrath

Wülfrath hat mit dem Kirchplatz ein sehr mittelalterlich anmutendes Ensemble, das neben der Kirche einen Ring gut erhaltener Fachwerkhäuser umfasst. Hier gibt es den kleinen aber bekannten Weihnachtsmarkt. Die Altstadt mit den Gassen und typisch bergischen Häusern lädt zum Verweilen an einem der zahlreichen Tische ein. Der Angerbach entspringt hier übrigens an einem Park mitten im Ort.

Am Rande der Innenstadt befindet sich das

❽ Niederbergische Museum

Dieses Museum ist über 100 Jahre alt und beherbergt zahlreiche Exponate zur Lebenswelt in der Kalkstadt des 19. Jahrhunderts. Es gibt u.a. eine alte Apotheke, eine Zinngießer-Werkstatt, Webstühle und das Mobiliar einer Fabrikantenfamilie. Im Kaminzimmer oder im bürgerlichen Barockraum wird bei Voranmeldung nicht nur die Bergische Kaffeetafel „met allem dröm on dran" serviert, sondern auch eine Filmvorführung und Besichtigung angeboten.

Zurück auf der Bahntrasse folgen wir dieser die letzten Meter bis zum Angerbachtal. Der Angerbach begleitet uns nun bis Ratingen, dem westlichsten Punkt unserer Tour. Auf dem Rückweg nach Kettwig lockt ein kleiner Abstecher zur

❾ Burg Gräfgenstein

Die Burg stammt aus dem 13. Jahrhundert und liegt am Steilhang zum Angerbachtal. Der Sage nach haben Raubritter von Eggerscheidt die durchziehenden Händler im Angertal überfallen und anschließend auf der Burg ihre Beute gesichert.

Schließlich erreichen wir wieder die Niederbergbahntrasse, die uns (erneut über das Viadukt Ruhrstraße Nord) zurück nach Kettwig Bf Ⓢ bringt.

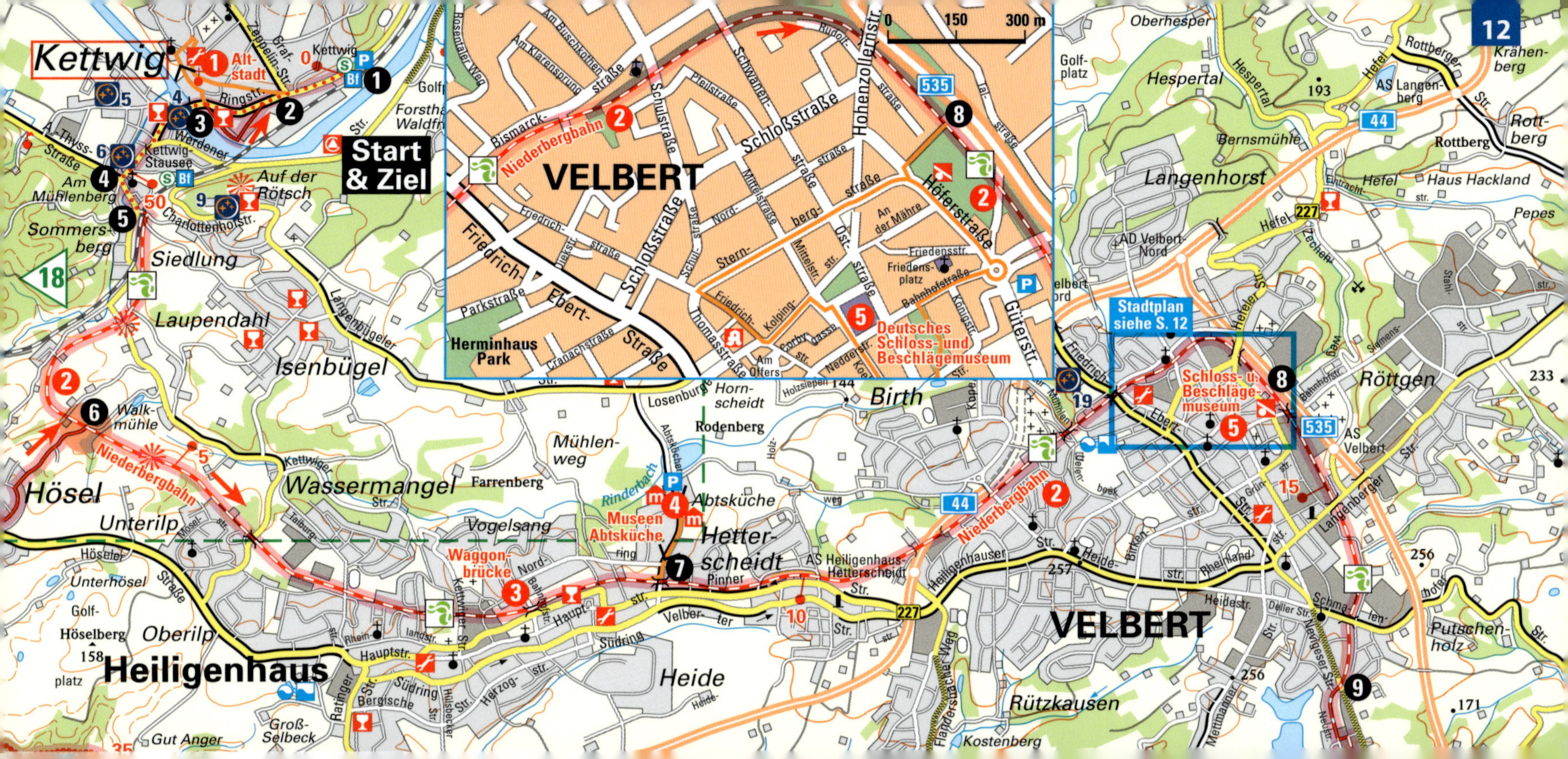

12
Kettwig
Altstadt
Start & Ziel
Ringstr.
Werdener
Kettwig-Stausee
Auf der Rötsch
Am Mühlenberg
Sommersberg
Charlottenhofstr.
Siedlung
Laupendahl
Isenbügel
Walkmühle
Niederbergbahn
Hösel
Unterilp
Wassermangel
Farrenberg
Mühlenweg
Rodenberg
Hornscheidt
Losenburg
Birth
Abtsküche
Museen Abtsküche
Rinderbach
Vogelsang
Hetterscheidt
Waggonbrücke
Pinner
AS Heiligenhaus-Hetterscheidt
Unterhösel
Höselberg
Oberilp
Heiligenhaus
Heide
Südring
Hauptstr.
Groß-Selbeck
Gut Anger
Rützkausen
Kostenberg
Flandersbacher Weg
VELBERT
Heidestr.
Putschenholz
Heiligenhauser Str.
Rheinland
Röttgen
AS Velbert
Schloss- u. Beschläge-museum
Stadtplan siehe S. 12
AD Velbert-Nord
Langenhorst
Hefel
Haus Hackland
Pepes
Bernsmühle
Rottberg
Rottberg
Hespertal
Oberhesper
AS Langenberg
Krähenberg
Golfplatz
Herminhaus Park
Friedrich-Ebert-Straße
Schloßstraße
Deutsches Schloss- und Beschlägemuseum
Höferstraße
Hohenzollernstr.
Güterstr.
Friedensplatz
Bahnhofstraße
0 150 300 m

Wegbeschreibung

km
❶ S-Bahnhof Kettwig Bf Ⓢ → *links* auf der *Ruhrtalstraße* zur Kettwiger Altstadt.

❷ Abstecher Altstadt Kettwig (3 km)
Auf der *Hauptstraße* ***geradeaus*** hoch in die ❶ Altstadt Kettwig → ***links*** Marktkirche → ***rechts*** *Kaiserstraße* mit Gassencharakter → am Ende der *Kaiserstraße* ***links*** zurück in die *Ruhrstraße* → bei der Kirche St. Peter ***links*** in die historische Altstadt (80 m Fußweg!) → ***rechts*** zur alten Steinbrücke.

❷ Weiter auf der *Ringstraße* auf straßenbegleitendem Radweg,

❸ über die **Ruhr** am Wehr entlang → an der Ampel über die *Werdener Straße* ***geradeaus***,

❹ hinter der **Kirche St. Joseph** ***links*** in die *Heiligenhauser Straße* → nach 200 m ist rechts die Rindsberger Mühle am Rinderbach

2 **❺** ***links*** *Am Wildbach* unter den Bahntunnel → ***rechts*** hoch auf die ❷ Niederbergbahntrasse nach Heiligenhaus,

❻ weiter ***geradeaus*** auf der Bahntrasse bleiben (hier werden wir später von Ratingen kommend auf die Trasse zurückkehren) → in Heiligenhaus die ❸ Waggonbrücke ***überqueren***.

9 **❼ Abstecher 3 Museen** (3 km)
An der *Abtskücher Straße* ***links*** Richtung Norden Abstecher zu den ❹ Museen Abtsküche → über *Im Paradies*, *Herbergerweg* und *Nordring* am Parkrestaurant vorbei zurück auf den Bahntrassenradweg nach Velbert.

❽ Abstecher Schloss- und Beschlägemuseum (1,6 km)
Am **Freizeitpark** Abstecher zum ❺ Deutschen Schloss- und Beschlägemuseum im Forum Niederberg → über die *Kolpingstraße* in die City → zurück zum Park auf den Bahntrassenradweg.

❽ Am **Brauhaus** „Alter Bahnhof" vorbei,

16 **❾** die *Nevigeser Straße* bei der Gaststätte „Am Schlagbaum" (Ladestation) ***überqueren*** → ***links*** in die *Neustraße* → nach 300 m ***links*** → nach 100 m wieder ***rechts*** auf die *NBB*,

❿ an der **Kreuzung** (Tönisheide Mitte) ***Überquerung*** der *Wülfrather Straße* → Über die *Reuterstraße* (***links*** ginge es nach Neviges runter) → entlang der *Wülfrather Straße* mit ***Überquerung***,

⓫ am ❻ Zeittunnel ***rechts*** weiter nach Wülfrath.

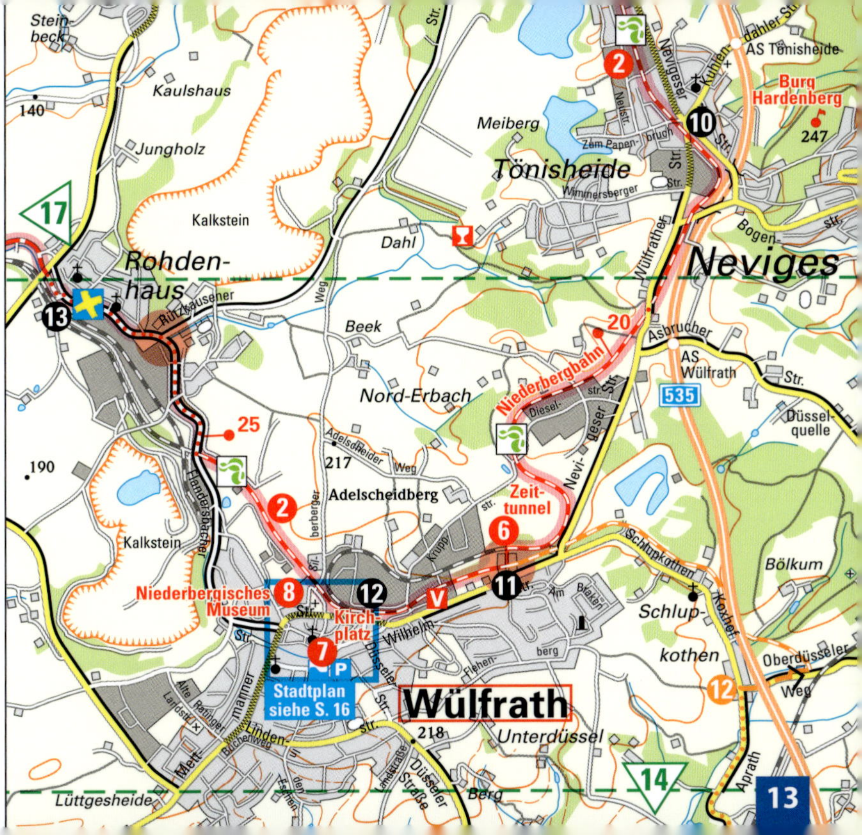

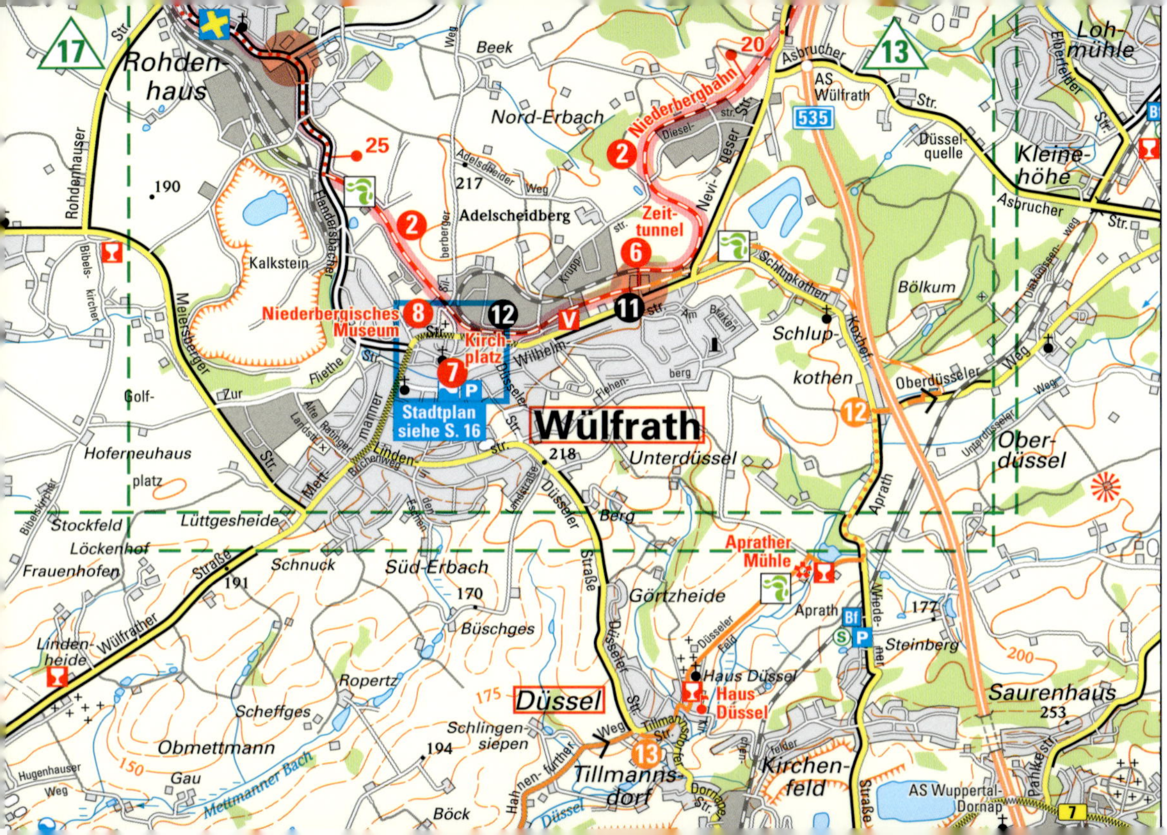

Wegbeschreibung

km	
	Variante von Wülfrath Zeittunnel nach Solingen-Gräfrath zur Korkenziehertrasse (Tour 4) bzw. nach Wuppertal-Vohwinkel zur Nordbahntrasse (Tour 3):
22	**11** Am **6** Zeittunnel ***links*** der Bahntrasse folgen → unter der Autobahn durch → am Ende der Bahntrasse ***rechts*** (ab hier ist der Weg noch als Panorama-Radweg Niederbergbahn ausgeschildert, jedoch kein Bahntrassenradweg mehr) → ***rechts*** auf den Radweg neben der Straße *Oberdüsseler Weg* → erneut unter der Autobahn durch,
	12 an der **Kreuzung *links*** auf den Radweg links der Straße → wo der Radweg die Straßenseite wechselt ***rechts*** dem Radweg folgend durch die Doppelkurve → ***rechts*** den Radnetz-NRW-Schildern folgend zum Aprather Teich → dahinter ***links*** in *Düsseler Feld* → in Düssel ***rechts*** und ***links*** der *Dorfstraße* folgen → die *Tillmannsdorfer Straße* an der Ampel überqueren, danach
	13 ***rechts*** in den *Hohlweg* → wo dieser wieder auf die *Hauptstraße* trifft, links in den *Hahnenfurther Weg*.

Wegbeschreibung

km

In **Schöller** die Hauptstraße ***überqueren*** in *Am Höfchen* → am Ende

14 ***rechts*** in den *Schöllerweg* → der Straße immer weiter folgen, aus dem Dorf hinaus eine spürbare Steigung hinauf → am Steinbruch ***rechts***

15 an einem **Waldrand** ***rechts*** und gleich wieder ***links*** → durch einen kleinen Tunnel unter der Straße hindurch → bergab, über die *Kleine Düssel* → ***links*** auf die *Vohwinkeler Straße* und gleich wieder ***rechts*** → unter zwei Eisenbahnunterführungen hindurch, leicht bergan bis zur *Elberfelder Straße* → diese ***überqueren*** und auf dem *Wibbelrather Weg* ein paar Meter bis zur

16 **Alten Bahntrasse**, die Teil des Bergischen Panorama-Radwegs ist: ***links*** geht es zunächst auf wassergebundener Oberfläche zur **Nordbahn** (Tour 3, S. 30), ***rechts*** kurz auf asphaltierter Bahntrasse, dann über Wibbelrath, Westring und eine Fußgängerampel über die *L357* rechtshaltend zum Startpunkt der **Korkenziehertrasse** (Tour 4 – siehe S. 40).

Wegbeschreibung

km

⓬ Abstecher Altstadt Wülfrath (3,5 km)
Am **Alten Bahnhof** in die historische Altstadt über die *Bahnhofsstraße*, *Wilhelmstraße* um den Teich zum ❼ Kirchplatz → weiter über eine Fußgängerbrücke zum ❽ Niederbergischen Museum → *Bergstraße* kurzes Stück zurück, ***links*** auf *Museumstraße* → ***links*** *Mittelstraße* und zurück auf den Bahntrassenradweg.

Weiter auf dem **Bahntrassenradweg** bis zu dessen Ende, dann die Abfahrt hinunter auf die *Flandersbacher Straße*, dieser nach ***rechts*** folgen.

26 **⓭** An der Haltestelle Rhodenhaus beim großen Verkehrsschild ***links*** und vor der Bahnunterführung weiter bis Flandersbach,

⓮ hinter der **Haltestelle Flandersbach** (Holzhütte) auf den *Heiligenhauser Weg* ins Angerbachtal (5,7 km) → nach 800 m an der Wegkreuzung ***links*** auf dem *Angerweg* wieder runter und 4 km mit zwei Bahnübergängen bleiben → an der *Ratinger Straße* ***links***,

34 **⓯** hinter der Linkskurve ***rechts*** an der **Mauer** in die *Hofermühle* Richtung Ratingen → auf dem *Angerweg* unter der Bahn auf dem Radweg Eurega beim Haus Anger (Schutzhütte) durchs schöne Angerbachtal.

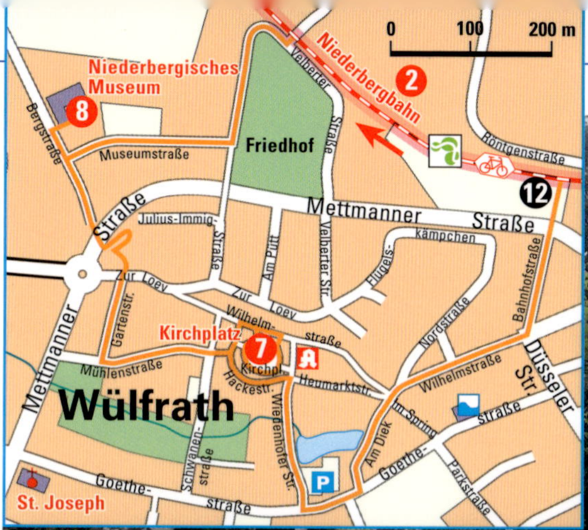

Niederbergbahntrasse bei Tönisheide

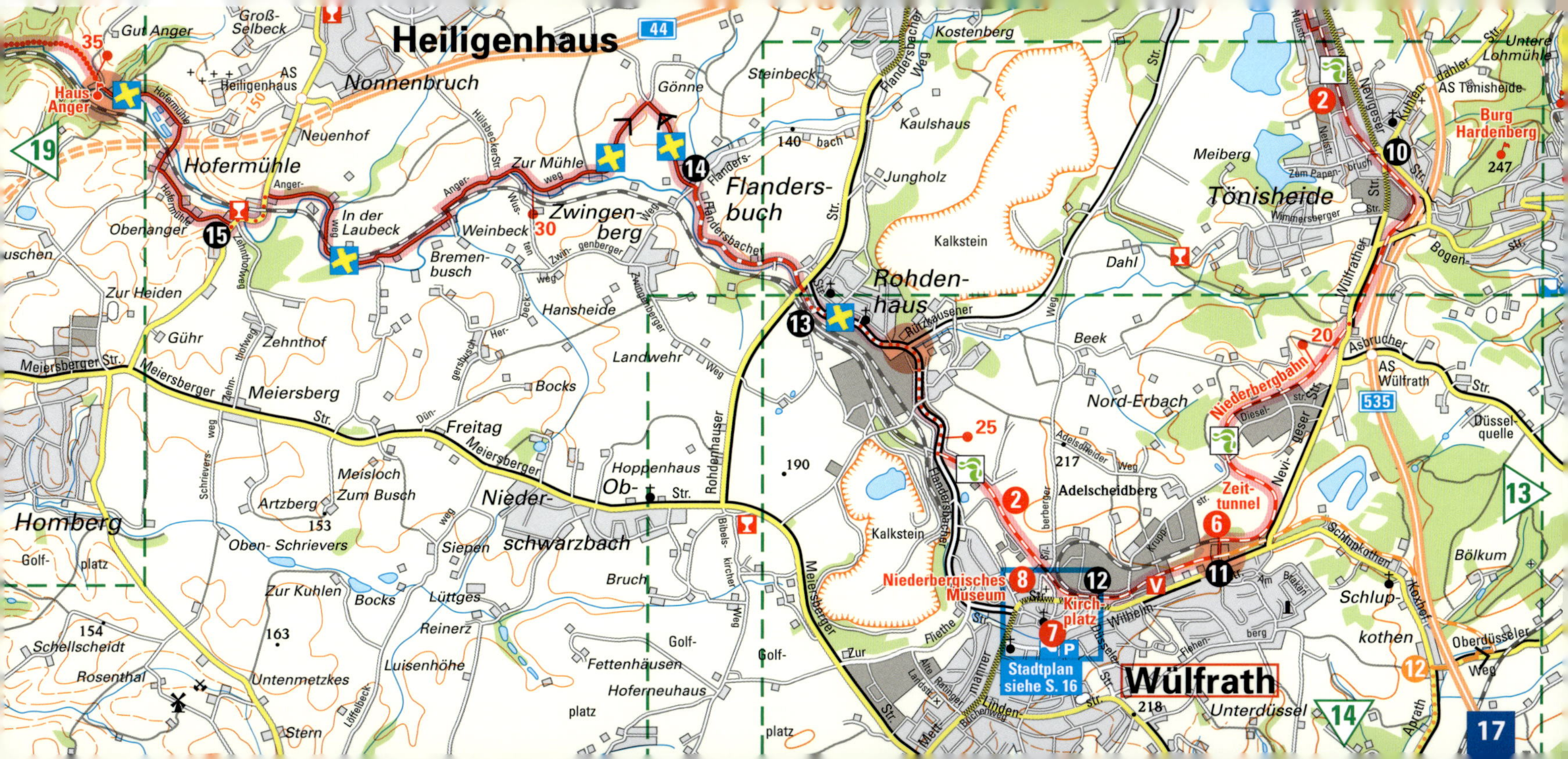

Heiligenhaus
Nonnenbruch
Gut Anger
Groß-Selbeck
Haus Anger
AS Heiligenhaus
Neuenhof
Hofermühle
Obenanger
In der Laubeck
Zur Mühle
Weinbeck
Zwingenberg
Bremenbusch
Gönne
Steinbeck
Flandersbuch
Kostenberg
Kaulshaus
Jungholz
Kalkstein
Rohdenhaus
Hansheide
Landwehr
Bocks
Zur Heiden
Gühr
Zehnthof
Meiersberg
Meiersberger Str.
Freitag
Meisloch
Zum Busch
Artzberg
Hoppenhaus
Ob-
Niederschwarzbach
Homberg
Oben- Schrievers
Siepen
Bruch
Zur Kuhlen
Lüttges
Reinerz
Luisenhöhe
Schellscheidt
Rosenthal
Untenmetzkes
Fettenhausen
Hoferneuhaus
Stern
Golfplatz
Tönisheide
Meiberg
Dahl
Beek
Nord-Erbach
Adelscheidberg
Niederbergbahn
Zeittunnel
Niederbergisches Museum
Kirchplatz
Stadtplan siehe S. 16
Wülfrath
Unterdüssel
Schlupkothen
Bölkum
Oberdüsseler Weg
Burg Hardenberg
AS Tönisheide
Untere Lohmühle
AS Wülfrath
Düsselquelle
Asbrucher
44
535
19
13
14
17

Wegbeschreibung

km

21 Am **3. Kreisverkehr** ***links*** in Sinkesbruch → gleich ***rechts*** am Rennbaum Richtung Kettwig 4,5 km hoch → ***rechts*** den *Brockhausweg* stark runter → nach 500 m erreicht man wieder die **2 Niederbergbahn** → ***links*** zurück nach Kettwig,

50

22 an der **Kreuzung** vor Kettwig ***rechts*** auf die *Ringstraße* zur Ruhr.

23 Über die **Ruhr** ***rechts*** auf den *Promenadenweg* → nach dem Restaurantschiff „Thetis" vor dem Parkplatz an der Brücke in die *Bachstraße* → an den Scheidt´schen Hallen hoch zur großen Kreuzung → ***rechts*** auf der Ruhrtalstraße zur S-Bahn-Station Kettwig Bf S.

Auf der Brücke Ruhrstraße Nord

Wegbeschreibung

km

⓰ Am **Parkplatz Steinkothen** geht es scharf zurück → Im Angertal Richtung Ratingen → am Haus Müschenau in den Wald → unter der *A3* bis zur Straße *Auf der Aue*

40 ⓱ rechts die **Auermühle** → nach 1 km *Auf der Aue* in Ratingen Ost bis zu der Schranke → (zur S-Bahn Station ginge es vor der Schranke auf die *Fester Straße*),

⓲ sonst hinter der Schranke ***rechts*** runter *In der Brück* → über die Brücke Richtung Kettwig,

⓳ am zweiten **Bahnübergang** → ***rechts*** auf dem *Hölenderweg* hoch (Schutzhütte) nach Eggerscheidt weiter auf dem *Hölenderweg*.

43 ⓴ **Abstecher Burg Gräfgenstein** (1,7km)

Am Ortseingang *rechts* Am Oberstthof → ***rechts*** Lengelshof → Gräfgenstein zur **9 Burg Gräfgenstein** am Lokal „Kessel am Pött" ***links*** bis zur *Eggerscheidter Straße* → über die *A3* nach Hösel auf die *Heiligenhauser Straße*.

An der Ruhr

Tour 2
Von Ruhr zur Ruhr

über die alte Kohlenbahntrasse

Diese sehr reizvolle Tour ist eine Entdeckungsfahrt vom RuhrtalRadweg ins niederbergische Naherholungsgebiet. Dank der Kohlenbahntrasse, die hier zugleich den Beginn des Bergischen Panorama-Radwegs darstellt, ist dies ohne spürbare Steigung möglich. Ein paar davon sind

Tour 2	Tourinformationen
Start/Ziel	Bahnhof Hattingen Bf Ⓢ
Länge/Varianten	55 km +Abstecher (1,2 km Altstadt Hattingen + 3,2 km Zechenpark Alte Haase + 2,6 Burgruine Hardenstein + 3,7 km Radom), Bahntrassenanteil 23,5 km / 42%
Ausschilderung	Ruhr zur Ruhr, RuhrtalRadweg
Wegbeschaffenheit	Die gesamte Kohlenbahntrasse sowie große Teile des RuhrtalRadwegs auf wassergebundener Oberfläche, aber auch viele asphaltierte Abschnitte (unter anderem Elbschetalbahntrasse).
Steigungen	Leichte aber kaum spürbare Steigung auf der Bahntrasse bis Schee, ein paar Steigungen vor Wengern, an der Ruhr nicht erwähnenswert.

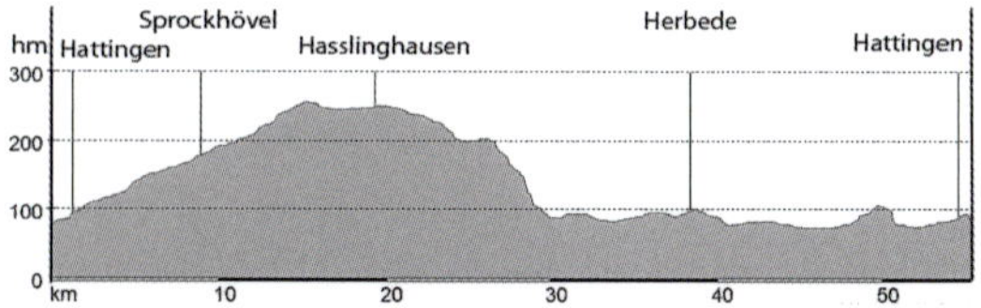

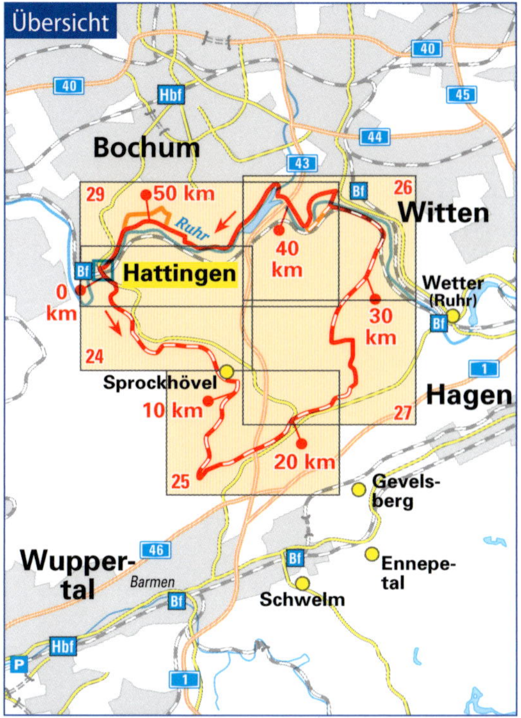

erst bei der Rückkehr an die Ruhr in Wengern zu bewältigen. Der Strukturwandel von den ältesten Bergwerken und späteren Industrieanlagen hin zum Tourismus ist hier hervorragend gelungen, was die „Altstadt des Ruhrgebiets" sowie Burgen und ein großes Freizeitangebot in Hattingen bezeugen.

DIE TOUR BEGINNT
am

❶ Alten Bahnhof Hattingen Bf Ⓢ

Der renovierte alte Bahnhof spiegelt die frühe Geschichte der Bergbau- und Industrieregion in Hattingen gut wieder. Das abends farblich variierend angestrahlte Gebäude aus Ruhrsandstein im klassischen Stil beherbergt heute neben der S-Bahn auch eine Station der Ruhrtalbahn. Mit dieser touristischen Bahn kann u.a. die Talstation der **Burg Blankenstein** an bestimmten Terminen im Jahr erreicht werden.

Weiter geht es zunächst auf einem straßenbegleitenden Radweg an der Hattinger Altstadt vorbei, die einen Abstecher lohnt!

❷ Altstadt Hattingen

Die Altstadt hat durch ihre verwinkelten Gassen und belebten Plätze ein einzigartiges Flair. Im Mittelalter war Hattingen wegen seiner Verbindung zwischen Bergischem Land und dem Hellweg der Hanse bedeutend. Für Arbeit hat nach der Textilherstellung und Kohleförderung besonders die Henrichshütte gesorgt. Am Alten Rathaus am Untermarkt startet ein Altstadtrundgang mit 30 Informationstafeln und Wegweisern.

Hattingen

Nun führt uns der Weg noch über einige kleinere Straßen direkt zum Start der

❸ Kohlenbahntrasse

Die etwa 20 km lange Bahnstrecke von Hattingen nach Wuppertal-Wichlinghausen wurde bereits kurz nach der Stilllegung 1988 zu einem der ersten Bahntrassenradwege mit einer beispielgebenden Gestaltung für die Nachfolger umgebaut. Bei der genauen Abgrenzung ist zu beachten, dass der Abschnitt ab Schee in Richtung Süden mittlerweile meist zur Nordbahntrasse gezählt wird. Nicht zu vergessen ist zudem der Abzweig von Schee nach Silschede. Hier gibt es das Ausflugslokal „An der Kohlenbahn" mit einer kleinen Lok davor. Ein

Dampfbahnclub hat dort eine Gartenbahnanlage für Kinder aufgebaut. Die Hauptstrecke nach Wuppertal wurde ab 1884 von der lokalen Bevölkerung sowie von der vorher abgeschnittenen Industrie und Zeche „Alte Haase" bei Sprockhövel intensiv genutzt.

Gleich zu Beginn durchqueren wir den ***Schulenbergtunnel****. Danach eröffnen sich tolle Aussichten auf das hügelige Umland von Hattingen mit Bauernhöfen und Pferdekoppeln. Bis Schee sind auf 12 km zwar 150 Höhenmeter auf einer wassergebundenen Decke zu bewältigen, aber durch die geringe Steigung von maximal 2 Prozent ist das auch für weniger sportliche Radfahrer zu schaffen.*

Bevor wir Schee erreichen, bietet sich noch ein kleiner Abstecher an zur

❹ Zeche Alte Haase

Die Zeche Alte Haase kann als eine Wiege des Steinkohlebergbaus im Ruhrgebiet angesehen werden. Hier war über Jahrhunderte die oberflächennahe Förderung von Kohle üblich. Mit dem Malakowturm sind noch Gebäude eines der größten Bergwerke Deutschlands erhalten.

Brücke der Kohlenbahn

In Schee sind wir am südlichsten Punkt der Tour angelangt und vollziehen eine 180-Grad-Drehung, um auf die zweite Kohlenbahntrasse nach Silschede zu gelangen. Danach geht es über ruhige Straßen (nicht ganz steigungsfrei) erst zur Elbsche und über die Elbschetalbahn nach Wengern zur Ruhr. Hier steht das

❺ Henriette-Davids-Museum

Nach dem Hotel mit ihrem Namen (und Gerichten) und hinter der Dorfkirche liegt das Museum der bekannten Kochbuchautorin Henriette Davids an der Elbsche. Im Kaufladen sind neben ihren Kochbüchern kulinarische Gelees und Liköre erwerbbar.

Der Rest der Tour ist nahezu identisch mit dem RuhrtalRadweg. Wir folgen diesem und kommen vorbei an

❻ Schloss Steinhausen

Ein Steenhus war anfangs (1248) für die Sicherheit der Furt zuständig. In der heute mehrfach genutzten Schlossanlage befinden sich ein Restaurant mit Biergarten und ein umfunktionierter Kuhstall für Feierlichkeiten. Im öffentlich zugänglichen Schlosspark steht eine Dauerausstellung von Shona-Skulpturen aus Simbabwe. So ist das Schloss mit dem Rundturm ein beliebtes Ausflugsziel im Ruhrtal.

❼ Industriemuseum Zeche Nachtigall

Das Museum an der Route Industriekultur bietet mit dem Besucherbergwerk, dem historischen Maschinenhaus und den Dauer- bzw. Sonderausstellungen eine gute Übersicht des frühen Ruhrbergbaus. Viele Veranstaltungen vermitteln das ganze Jahr über lebhafte Eindrücke aus dieser harten Arbeitswelt. Die Muttentalbahn verkehrt von hier zum nahen Gruben- und Feldmuseum.

Hier können wir die Ruhr queren oder auf dieser Flussseite bleiben und die Burgruine Hardenstein besuchen:

❽ Burgruine Hardenstein

Die zeitweise einsturzgefährdete Ruine der sagenhaften Wasserburg im Muttental (erbaut um 1350) ist wieder frei begehbar. Besonders nachts ergibt sich durch die Bestrahlung eine eindrucksvolle Kulisse.

Bis 18:00 Uhr ist hier in der Saison gegen Spende die Überfahrt mit einer Fähre möglich. Wer später kommt, muss einen kleinen Umweg zurück zur Brücke nehmen. Am nördlichen Ufer der Ruhr folgen wir dann dem RuhrtalRadweg weiter bis zum Kemnader See mit der

❾ Zeche Gibraltar Erbstollen

Direkt am Weg liegt einer der vielen Erbstollen mit einer Grubenlok und Loren als Denkmal. Im renovierten Hauptgebäude der Zeche aus dem Jahr 1786 sind nun eine Gaststätte mit großem Biergarten und das Bootshaus der RUB untergebracht. Auf dem Gelände befand sich einst auch eine Folterkammer der Nationalsozialisten („Verschleppung nach Gibraltar").

Weiter geht es entlang der Ruhr. Wer möchte kann über einen Abstecher in den Hang die Sternwarte besuchen:

❿ Sternwarte Bochum

Die als Kap Kaminski bekannte Volkssternwarte hat 1957 mit der Verfolgung des Sputnik 1 von sich Reden gemacht. In der 40 m hohen Tragluftkuppel sind Exponate aus der Raumfahrtgeschichte im kalten Krieg in einer Dauerausstellung zu sehen (nicht samstags). Es finden auch Veranstaltungen mit ergänzenden Angeboten für Kinder statt. Im angeschlossenen Bildungswerk werden irdische Umweltthemen behandelt.

Auf der Höhe von Hattingen überqueren wir die Ruhr. Kurz vorm Ziel bietet sich noch ein kleiner Abstecher an zur

⓫ Birschel Mühle

Die am Ruhrwehr und RuhrtalRadweg gelegene Mühle aus dem Jahr 1334 ist durch den 1902 erfolgten Neubau im Tudor-Stil gemeinsam mit der Fabrikantenvilla eine Station der Route Wohnkultur. Neben den Service-Wohnungen für Senioren gibt es dort ein Hotel mit Restaurant und einen Veranstaltungsbereich. Die alte

Birschel Mühle

Schleusenanlage mit Holztoren ist zeitweise noch im Betrieb. Das erneuerte Wasserkraftwerk liefert wieder Ökostrom ins Netz.

Kurz darauf erreichen wir unseren Start- und Zielpunkt, den ***Alten Bahnhof Hattingen*** Bf Ⓢ.

Wegbeschreibung

km

❶ Vom ❶ Alten Bahnhof Hattingen Bf Ⓢ ***rechts*** auf die *Martin-Luther-Straße* zur S-Bahn Station Mitte.

❷ **Abstecher Altstadt Hattingen** (2 km)
Links über die *Langenberger Straße* zum alten **Rathaus** in der ❷ Altstadt Hattingen → über den Kirchplatz, am Ende ***rechts*** → ***rechts*** auf die *Emscherstraße* → an der Kreuzung über die *Martin-Luther-Straße*.

❸ Hinter der **S-Bahn Station *rechts*** in die *Bruchstraße* → beim Kreisverkehr links in die *Raabenstraße* → am Ende ***links*** in die *Uhlandstraße* und ***rechts*** auf der *Grünstraße* bis zum Radler- und Wandertreff Drahtesel,

2

❹ neben dem **Biergarten** auf die ❸ Kohlenbahntrasse, mit der der Bergische Panorama-Radweg und der Von-Ruhr-zur-Ruhr-Radweg beginnt → es geht gleich direkt zum Schulenbergtunnel.

Abstecher Zeche Alte Haase (1 km)

7

❺ An der *Hauptstraße* in **Sprockhövel *links*** runter, am Kirchplatz auf die *Hattinger Straße* zum ❹ Zechen Park Alte Haase unterhalb des **Malakowturms**.

❺ Weiter bis zur großen **Brücke** → immer weiter dem Bahntrassenradweg folgen.

Wegbeschreibung

km

6 Unter der **Brücke** eine ***180-Grad-Wendung*** (Anschluss Tour 3: ***geradeaus*** geht es hier nach Fertigstellung weiter auf dem Bergischen Panorama-Radweg zur Nordbahn nach Wuppertal) ➔ über die *Quellenburgstraße* ➔ parallel zur *Scherenbergstraße* ➔ vor der Allee (an der Tafel zum Gewerkengehöft) auf die Serpentine zum Scherenberg hoch ➔ auf der Bahntrasse nach Silschede über die *A 43* hinweg weiter auf dem Weg (RUHR.2010 kohle kühe kunst).

20 **7** Am **Susewind** weiter zum Café An der Kohlenbahn (grün-rote Kohlelok) ➔ kurz dahinter ist ein Dampf-Bahn-Club nicht nur für Kinder ➔ nach der Unterführung (*B 234*) bis zum Ende der Trasse bei Silschede (3 km) ➔ an der Straße *Auf der Illberg* **rechts** zur *Esborner Straße*.

Am Wendepunkt der beiden Kohlenbahntrassen kurz vorm Bahnhof Schee

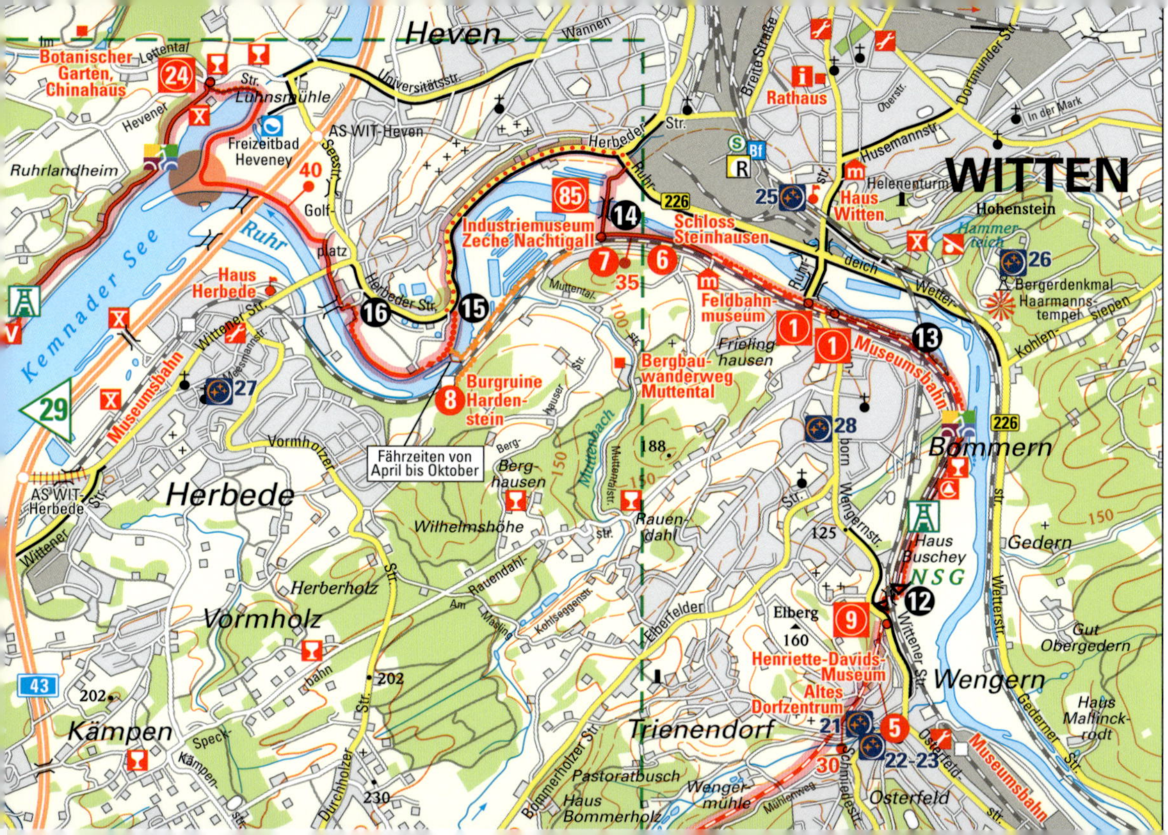

Wegbeschreibung

km
30
37

12 Abfahrt auf die *Wittener Straße* in Wengern → ***links*** die Rampe hinunter → der *Wittener Straße* ganz kurz straßenbegleitend folgen und gleich wieder ***links*** auf den **Ruhrtalradweg** → diesem folgend (steile Abfahrt) unter den Gleisen hindurch und ***links*** weiter den Gleisen der Museumsbahn folgen.

13 Nach der **Bahnunterführung** entlang der *Ufer- und Nachtigallenstraße* bis zum **6 Schloss Steinhausen** und zum **7 Industriemuseum Zeche Nachtigall**,

14 kurz vorher ***rechts*** auf der **Nachtigallenbrücke** über die Ruhr (oder geradeaus zur **8 Burgruine Hardenstein**) → ***links*** zum Kreisverkehr → ***links*** auf der *Herberder Straße* nach Hattingen.

15 Am **Ortsschild Witten-Heven** ***links*** auf den Radweg → 1 km weiter ist die Fähre (bis 18Uhr) zur **8 Burgruine Hardenstein** → am Schleusenwärterhaus (Biergarten) weiter.

16 In der **Lake** ***links*** → unter den Brücken zum Kemnader See → an der Freizeitanlage auf dem Weg Blumenau zur nächsten See Terrasse mit dem **9 Zeche Gibraltar Erbstollen** → danach öffentliches WC links.

Wegbeschreibung

km 25

8 ***Links*** nach **Wengern** (9,4 km) ➔ ***rechts*** in den Weg *Zur Kemnade* in Kurven an Höfen vorbei zurück auf die *Esborner Straße* ➔ am Haus 291 ***links*** schräg hoch in den *Hülsenweg* bis zur *Albringhauser Straße* (Biohof Sackern).

9 Hier ***links*** in die *Albringhauser Straße* abbiegen ➔ durch **Albringhausen** hindurch ➔ dann ***rechts*** in den kleinen Weg *Am Overbeck* ➔ über den **Elbschebach** und wieder

10 ***rechts*** ➔ vorbei am **Landhaus zum Alten Bahnhof** ➔ immer ***geradeaus*** bis zu einem ***rechts-links***-Knick unter einem Bahndamm hindurch - auf den wir gleich abbiegen:

11 ***Links*** hinauf auf den **Bahndamm**: die **Elbschetalbahn**. Dieser Bahntrasse immer weiter folgen ➔ über das **Elbschetalviadukt** und weiter bis zur

Wegbeschreibung

km

17 Am **Haus Coveney** mit Biergarten ***links*** runter entlang der Ruhr → an der Stauanlage wieder ***links*** auf dem Leinpfad zur Alten Fähre → dahinter ***schräg rechts*** über die Nettelbecke,

47 18 an der *Brockhauser Straße* ***links*** → hinter der Brücke ***rechts*** → nach 100 m ***links*** in die *Rauendahlstraße* am Wald entlang oder

Abstecher Sternwarte Bochum (3,5 km)
Blankensteiner Straße ***geradeaus*** hin zur 10 Sternwarte Bochum → *Obernbaakstraße* am Bergbauwanderweg Baaker Berg zurück.

19 Auf dem **RuhrtalRadweg** ***links*** ab auf dem Leinpfad bis zum Campingplatz,

53 20 ***links*** auf dem Radweg unter Brücke (*L651*) und zurück über die Ruhr.

Abstecher Birschel Mühle (0,4 km)
Rechts abbiegen und ***links*** auf *An der Ruhrbrücke*, unter der Brücke hindurch auf *Am Wallbaum* und am Ende ***rechts*** zur 11 Birschel Mühle → gleicher Weg zurück.

21 ***Rechts*** in die *Bahnhofstraße* zum 1 Alten Bahnhof Hattingen Bf S.

Industriemuseum Zeche Nachtigall

Blick von der Stauwehrbrücke auf die Bootsgasse im Stauwehr des Kemnader Sees

Weitmarer Holz
Heven
Hotel Lottental
Lühnsmühle
Freizeitbad Heveney
AS WIT-Heven
Haar
Schrick
Ruhrlandheim
Sternwarte Bochum
Malakowturm
Zisterzienserkloster
Golfplatz
Industriemuseum Zeche Nachtigall
Linden
Sundern
Brockhausen
Stiepel
Zeche Gibraltar Erbstollen
Kemnader See
Ruhr
Haus Herbede
Burgruine Hardenstein
Rauendahl
Fährzeiten von April bis Oktober
Baak
Herbede
Berghausen
Wilhelmshöhe
LWL-Industriemuseum Henrichshütte
Welper
Stadtmuseum
Burg Blankenstein
NSG
Haus Kemnade
AS WIT-Herbede
Museumsbahn
Winz
Birschel Mühle
Herberholz
Vormholz
Alter Bahnhof
Stadtplan siehe S. 24
Blankenstein
Rosenberg
Katzenstein
Altstadt
HATTINGEN
Kämpen
Start & Ziel
Hattingen-Mitte
Holthausen
Buchholz
Haus Bommerholz
Lembeck

Auf der Nordbahntrasse

Tour 3
Über die Nordbahn durch Wuppertal nach Schee

und durch die Elfringhauser Schweiz zurück

Diese Tour führt uns über die spektakuläre Nordbahntrasse. Vom Westen Wuppertals geht es durch Tunnel und über Brücken mitten durchs Stadtgebiet nach Oberbarmen und anschließend hinauf nach Schee. Städtische Parks und das historische Zentrum können durch Abstecher erreicht werden. Um die Runde komplett zu machen, geht es von Alter Schee weiter auf kleinen Straßen

Tour 3	Tourinformationen
Start/Ziel	Bahnhof Wuppertal-Vohwinkel Bf S
Länge/Varianten	49 km + Abstecher (1,6 km Schloss Lüntenbeck + 4,5 km Hardtanlage + 2,5 km Historisches Zentrum Barmen), Bahntrassenanteil 15 km / 33%
Ausschilderung	Nordbahntrasse, EN9, R1, Panorama-Radweg Niederbergbahn, Radnetz NRW
Wegbeschaffenheit	weitgehend asphaltiert, einige wenige Waldwege
Steigungen	geringe Steigungen auf der Nordbahntrasse, nach Alter Schee in der „Schweiz" 2x größere Steigungen (für geübte Radfahrer!)

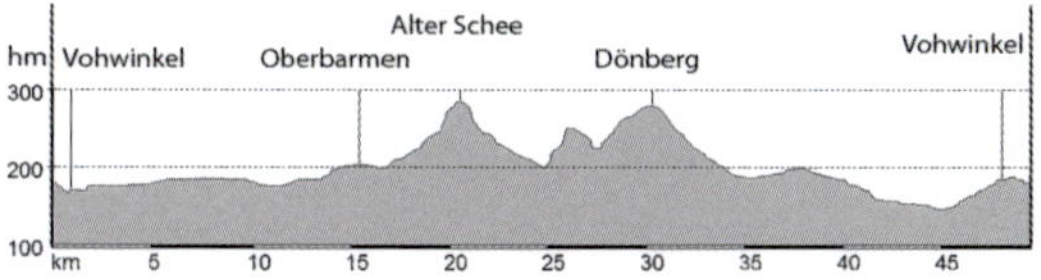

durch die Südausläufer der grünen Elfringhauser Schweiz, die ihren Namen nicht umsonst hat. Doch auch diese Passage lohnt sich dank der grandiosen Ausblicke!

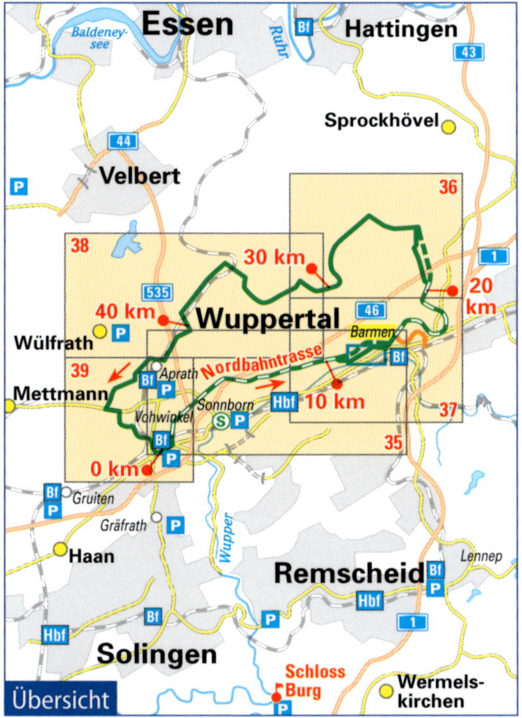

__DIE TOUR BEGINNT__ am Bahnhof Wuppertal-Vohwinkel Bf Ⓢ. Nachdem wir den Akzentaparkplatz und den P+R-Platz durchfahren haben, trennt uns nur noch eine Bahnbrücke vom Startpunkt der

❶ Nordbahntrasse

Die Nordbahntrasse ging 2006 aus dem viel beachteten (und ausgezeichneten) Wuppertal Bewegung e.V. als Hauptprojekt hervor. Dabei wurde die innerstädtische ehemalige Bahntrasse mit einem 10%-Spendenanteil und viel Eigenarbeit Stück für Stück zu einem Fuß- und Radweg umgebaut, der sich mittlerweile außerordentlicher Beliebtheit bei Spaziergängern, Radfahrern und Skatern erfreut. Auch für Alltagsradler ist diese Trasse ein enormer Gewinn – und für Freizeitradler schließt sie die Lücke des Bergischen Panorama-Radwegs zwischen Schee (Anschluss Kohlenbahn) und Vohwinkel (Anschluss nach Solingen zur Korkenzieherbahn).

Die Strecke ist zudem zu einem Vorbild für bürgerschaftliches Engagement geworden, was sich schon bei der Realisierung zeigte und nun mit Trassenfesten, Schulprojekten und ergänzenden Aktivitäten weiter fortgesetzt wird.

Bereits nach wenigen Metern auf der Trasse bietet sich beim Tescher Busch ein Abstecher an zum

❷ Schloss Lüntenbeck

Die ehemalige Wasserburg aus dem 13. Jh. ist mit ihren noch vorhandenen Teichen eines der ältesten Gebäude Wuppertals. Der Innenhof wird durch das barocke Schloss und das Restaurant und Wirtschaftsgebäude gebildet, die heute von der Besitzerfamilie durch Vermietung an kreative Köpfe genutzt wird.

Schloss Lüntenbeck

Auf dem weiteren Verlauf des Bahntrassenradwegs ist es zunächst noch nicht sehr spektakulär. Dies ändert sich schlagartig mit Erreichen des 488m langen __Tunnels Dorp.__

Weiter geht es am ehemaligen __Bahnhof Ottenbruch__ vorbei durch den __Tunnel Dorrenberg__ („Tanztunnel") und zum __Mirker Bahnhof__. Nach Passieren des __Engelnbergtunnels__ ist am Zugang Rudolfstraße ein Abstecher zur Hardt-Anlage möglich.

❸ Hardt Anlage

Die über 200 Jahre alte Parkanlage Hardt zählt zu den schönsten und beliebtesten Erholungsorten der Stadt. Neben einer Freilichtbühne, Hardtcafé und Orangerie beim Botanischen Garten eröffnet sich vom **Bismarck-** oder **Elisenturm** eine fantastische Aussicht auf Elberfeld und Barmen. Im östlichen Hardt stellt das **Völkerkundemuseum** Gegenstände aus der frühen Missionsarbeit aus.

Zurück auf der Nordbahntrasse erreichen wir wenig später den Bahnhof Loh und die

❹ Draisinenbahn

2010 wurde am **Bahnhof Loh** der Betrieb von Fahrraddraisinen eingeführt. Bei gutem Wetter fährt die Draisine im Sommer (nicht von selbst!) sonntags von 13 – 17 Uhr auf einer 1,5 km langen Strecke parallel zur Nordbahntrasse (andere Zeiten sind vereinbar, siehe nordbahn.eu). Es muss wie anno dazumal auf Signale geachtet und die Weichenstellung per Hand erledigt werden.

Aussicht auf Wuppertal vom Bahnhof Loh

*Vom **Bahnhof Loh** sind es noch wenige hundert Meter bis zum **Tunnel Rott**, der sich derzeit (Stand 2014) noch im Bau befindet. Die Trasse erreichen wir (nach einer Umleitung durchs Stadtgebiet) wieder in Wichlinghausen. Gleich zu Beginn der Umleitung lohnt sich ein Abstecher zum*

❺ Historischen Zentrum

Auf einem relativ kleinen Areal neben dem Opernhaus ballt sich mit dem **Engels-Haus** und dem **Museum für Frühindustrialisierung** das industriegeschichtliche Erbe Wuppertals. Dort wird an die großen Veränderungen der Gründerzeit erinnert. Es geht dabei weniger um die Technik als um deren sozial-ökonomische Folgen in der industriellen Revolution.

❻ Wuppertaler Schwebebahn

Die Schwebebahn wurde 1901 eröffnet und ist das Wahrzeichen Wuppertals. Wie die Nordbahn führt auch sie von Vohwinkel bis Oberbarmen, allerdings im Tal und die meiste Strecke sogar direkt über der Wupper.

Auf der dem Historischen Zentrum gegenüberliegenden Seite der Wupper ist an einer Wand der Sprung der jungen Zirkus-Elefantin Tuffi in die Wupper dargestellt. Dies geschah 1950 nahe der Adlerbrücke und bekräftigte lange Zeit den Ruf der Schwebebahn als sicherstes Verkehrsmittel der Welt – denn das Tier sprang aus eben dieser heraus! Dennoch verletzte sich die Elefantendame nicht ernsthaft, und lange blieb dies der einzige größere Schwebebahn-Unfall.

7 Barmen Mitte

Der Stadtteil Barmen liegt nördlich der Schwebebahn-Station Alter Markt an der Wupper. 1900 entstand die **Barmer Ruhmeshalle** fast als Reichstagskopie. Hier war bis zur „Entartung" eine Hochburg des Expressionismus. Die Reste befinden sich nun im **Von der Heydt-Museum** in Elberfeld.

Weitere sehenswerte Stationen sind das **Brauhaus** (mit Biergarten!) im historischen Stadtbad mit der längsten Theke im Herrenbecken und einer Ausstellung zur Jahrhundertwende. Hinter dem U-förmigen **Rathaus** an der Einkaufsstraße Werth befindet sich bei der **Gemarker Kirche** die neue **Bergische Synagoge**. Die alte Synagoge Barmens im maurischen Stil brannte 1938 komplett aus.

*Die nächsten Meter radeln wir durch das Wuppertaler Stadtgebiet, am **Bahnhof Wichlinghausen** Bf stoßen wir wieder auf die Nordbahntrasse. Nun geht es mit sanfter Steigung in großen Bögen hinauf Richtung Schee. So lange der Tunnel Schee noch nicht befahrbar ist, müssen wir für ca. 500 m die Trasse verlassen. Ist er schon offen, bleiben wir auf der Trasse und gelangen zur*

8 U-Verlagerung

Im Tunnel Schee befindet sich der verschlossene Zugang zur geheimen Untertage-Verlagerung „Kauz" der deutschen Rüstungs-Produktion im Zweiten Weltkrieg. In den letzten Kriegsmonaten wurde dort mit Zwangsarbeitern der Düsenjäger Messerschmidt ME 262 endmontiert.

*Oben am ehemaligen **Bahnhof Schee** lohnt sich noch ein Abstecher zum Ort*

9 Alter Schee

Entstanden aus einem bereits 1130 erwähnten Hofgut, liegt der Ort auf der Wasserscheide von Ruhr und Wupper - der Name leitet sich von Scheid ab. Ein ehemaliges Zollhaus weist auf die Grenze zwischen Berg und Mark hin, die bei dem Transport von Kohle aus der Gegend nicht ohne Abgaben passiert werden durfte. Der seit 1989 endgültig stillgelegte **Bahnhof Schee** gehörte damals zu den umschlagstärksten Bahnhöfen Preußens!

Ab hier folgen wir verschiedenen Straßen und Wegen durch den Norden Wuppertals. Dabei sind auch einige Steigungen nicht vermeidbar. Die Mühen werden jedoch mit Blicken auf herrliche Aussichten belohnt! So gelangen wir nach Neviges und Aprath, von wo wir dem Panorama-Radweg Niederbergbahn bis Schöller folgen. Von dort nehmen wir den direkten Weg zurück zum Startpunkt, dem Bahnhof Wuppertal-Vohwinkel Bf S.

Radler auf dem Panorama-Radweg Niederbergbahn

Wegbeschreibung

km

❶ Am **Bahnhof Wuppertal-Vohwinkel** Bf S ***links*** auf die *Bahnstraße* → hinter der Unterführung ***rechts*** *Am Stationsgarten* → am Akzenta Supermarkt ***rechts*** zurück über den Parkplatz und ***geradeaus*** über den P+R-Platz (Als Abkürzung bietet sich der kurze Tunnel im Bahnhof an, der direkt zum P+R-Platz führt, allerdings mit einer Treppenanlage!)

❷ ***links*** auf der *Herderstraße* → am *Homanndamm* ***rechts*** → ***links*** auf die ① Nordbahntrasse bei den Pollern.

2

❸ **Abstecher Schloss Lüntenbeck** (1,5 km)

Zugang Am Tescher Busch (beim Bürgertreff): ***links*** ab und gleich wieder ***rechts*** (Achtung, Radfahrer absteigen) bis zur T-Kreuzung → ***links*** auf *Heuweg* → ***rechts*** auf *Lüntenbecker Weg* am Teich vorbei in den Innenhof des ② Schloss Lüntenbeck → gleicher Weg zurück.

❸ Weiter auf der **Nordbahntrasse** → durch den Dorp-Tunnel → vorbei am Bahnhof Ottenbruch → durch den Tunnel Dorrenberg → vorbei am Mirker Bahnhof (7,5 km).

Abstecher zur Hardt Anlage (3,5 km)

6

❹ Zur ③ Hardt Anlage am Zugang *Rudolfstraße* ***links*** → *Dietrich-Bonhöfer-Weg* ***rechts*** hoch → an der Gabelung auf den *Starenweg* bei den Kleingärtnern → ***links*** hoch

km

zur Hardtanlage mit den Gewächshäusern, dem **Elisenturm**, der **Orangerie** mit der **Villa Eller** und dem **Hardtcafé** → Hinter dem **Gärtnerhaus** und der **Waldbühne** zum **Aussichtspunkt** → durch den Park am **Bismarkturm** (Aufstieg möglich wenn Flagge gehisst) vorbei zum **theologischen Zentrum** → runter zur *Rudolfstraße* ***rechts*** → ***links*** am **Bahnhof Loh** wieder auf die **Nordbahntrasse**.

❹ Weiter auf der **Nordbahntrasse** bis zur Station Loh mit dem ④ Drasinen Bahnhof und Café Tacheles → weiter bis zum ehemaligen Stellwerk Loh-Ost.

Für den Abstecher nach Barmen hier die Trasse verlassen.

Abstecher zum Historischen Zentrum und Barmen Mitte (5 km)

10

❺ Rechts-***links*** auf die *Buchenstraße* → hoch zur *Rosenstraße* → ***links*** *Eichenstraße* → links *Tannenstraße* → ***rechts*** *Bogenstraße* →

⑥ ***links*** Zur **Dörner Brücke** runter → über die Wupper und *Friedrich-Engels-Allee* → ***rechts*** am **Opernhaus** und **Engelsgarten** zum ⑤ Historischen Zentrum (Engels Haus, Museum für Frühindustrialisierung) → ***links*** auf *Wittensteinstraße* am **Bahnhof Barmen** vorbei → über die *Kreuzung*

km

Fischertal zur ⑥ Schwebebahn-Station Alter Markt → ⑦ Barmen-Mitte → dahinter am **Gemarker Ufer** ***rechts*** → Rolingswerth ***rechts*** → ***links*** am **South-Tyne-side-Ufer** → über die Fußgängerbrücke ***links*** → über die *B7* (Höhne) auf den **Geschwister-Scholl-Platz** (Fußgängerbereich!) → *Kleine Flurstraße* ***rechts*** → *Wegnerstraße* ***links*** auf den **Johannes-Rau-Platz** → ***rechts*** vom Eingang **Rathaus** (Durchgang) zum **Wuppertaler Brauhaus** →

⑦ *Grosse* und *Kleine Flurstraße* ***rechts*** → *Wegnerstraße* ***links*** → **Beckmannshof** kurz ***rechts*** und **Kleiner Werth** ***links*** → *Bachstraße* ***rechts*** →

⑧ *Berliner Straße* ***links*** direkt an der Wupper → Wichlinghauser ***links*** hoch unter der Brücke durch gleich ***rechts*** hoch auf der *Breslauer Straße* zurück auf die **Nordbahntrasse**. (weiter S. 37)

Auf der Nordbahntrasse

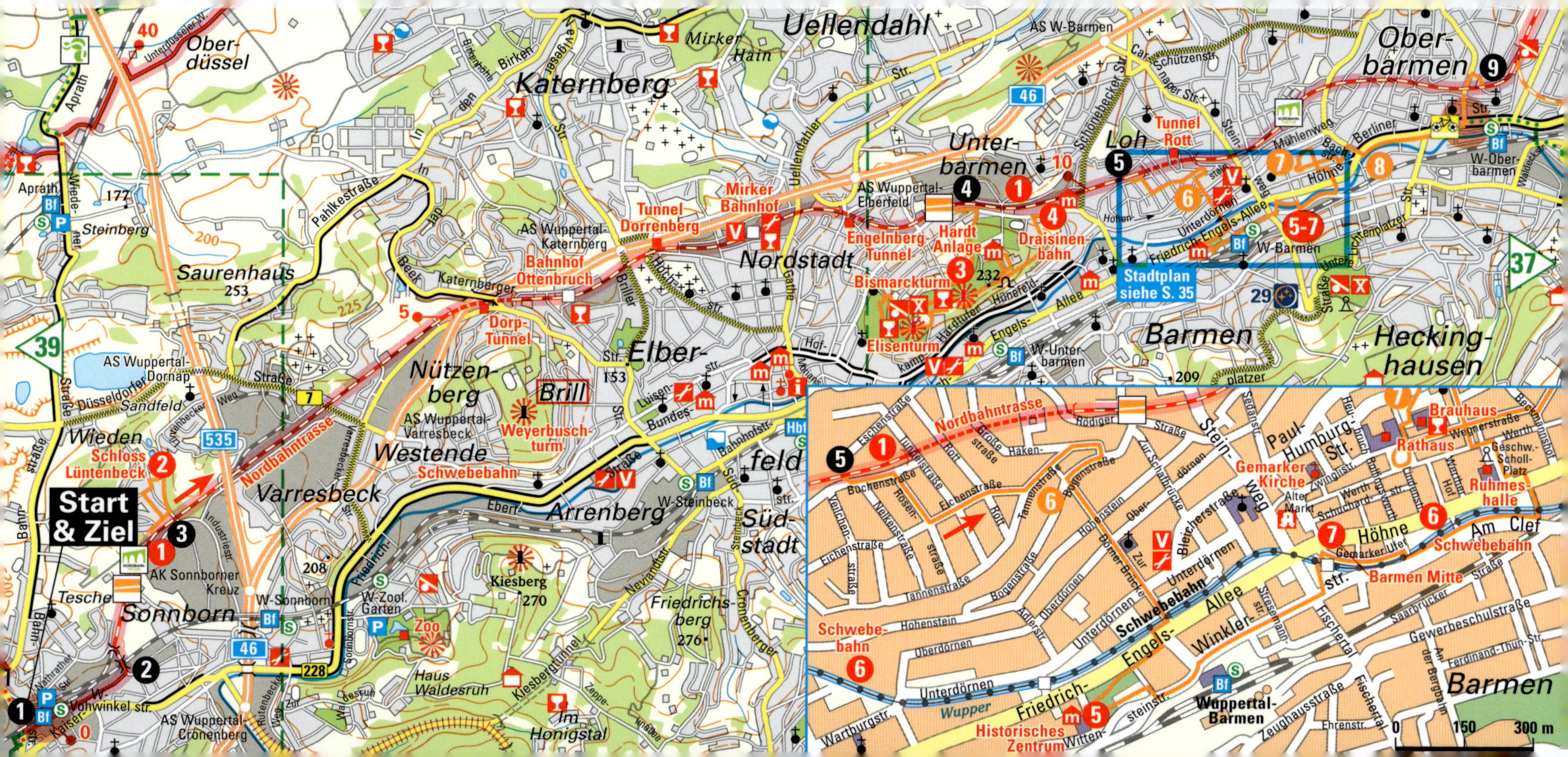
Uellendahl
Katernberg
Ober-
düssel
Mirker
Hain
Ober-
barmen
Unter-
barmen
Loh
Tunnel
Rott
Mirker
Bahnhof
Tunnel
Dorrenberg
Nordstadt
Engelnberg-
Tunnel
Hardt
Anlage
Draisinen-
bahn
Bismarckturm
Elisenturm
Bahnhof
Ottenbruch
Dorp-
Tunnel
Saurenhaus
Steinberg
Aprath
Elber-
feld
Nützen-
berg
Brill
Weyerbusch-
turm
Westende
Schwebebahn
Varresbeck
Nordbahntrasse
Arrenberg
Süd-
stadt
Barmen
Hecking-
hausen
Stadtplan
siehe S. 35
Schloss
Lüntenbeck
Start
& Ziel
Wieden
Sandfeld
AK Sonnborner
Kreuz
Tesche
Sonnborn
W-Sonnborn
W-Zool.
Garten
Zoo
Kiesberg
Friedrichs-
berg
Haus
Waldesruh
Im
Honigstal
AS Wuppertal-
Cronenberg
AS Wuppertal-
Dornap
AS Wuppertal-
Varresbeck
AS Wuppertal-
Katernberg
AS Wuppertal-
Elberfeld
AS W-Barmen
W-Steinbeck
W-Unter-
barmen
W-Barmen
W-Ober-
barmen
Friedrich-Engels-Allee
Brauhaus
Rathaus
Gemarker
Kirche
Alter
Markt
Geschw.-
Scholl-
Platz
Ruhmes-
halle
Höhne
Am Clef
Barmen Mitte
Schwebe-
bahn
Wupper
Historisches
Zentrum
Wuppertal-
Barmen
Paul-
Humburg-
Str.
0 150 300 m

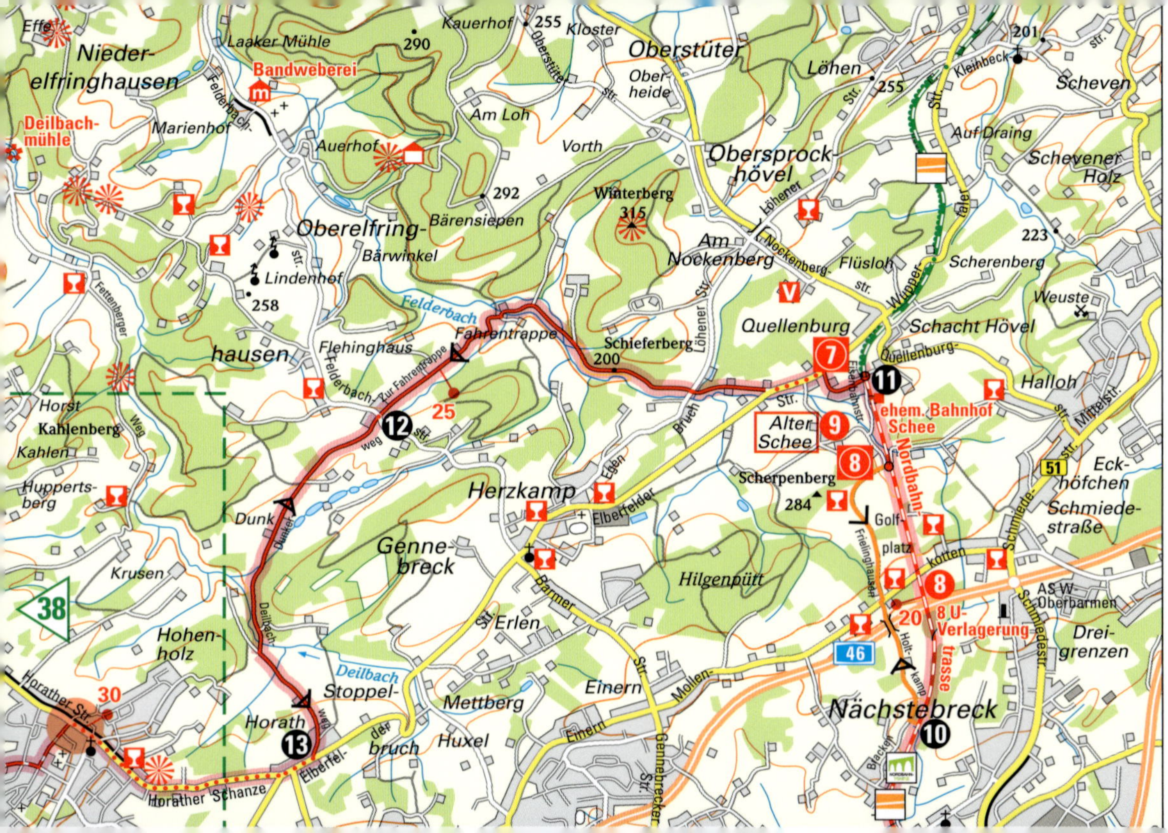

Wegbeschreibung

10 Durch den Scheetunnel bis zum ehem. Bahnhof Schee → **Abstecher zu** 9 Alter Schee.
Falls der Tunnel geschlossen ist (1.2.-1.4 von 20-6 Uhr !) ***links*** auf Holtkamp hoch über die *A46* → kurz ***rechts*** auf Mollenkotten (L432) und ***links*** runter auf Frielinghausen zum Golfhotel → über Parkplatz ***rechts*** runter zur Bahntrasse auf Rasenplatten zur **Kohlenbahn** (mit Infotafel).

11 **Gabelung** *Rottenberger Weg* (hier Anschluss Tour 2) → ***links*** im *Rottenberg Weg* runter → ***links*** auf die *Elberfelder Straße* → an der Haltestelle Neu Amerika ***rechts*** in *Kreßsieper Weg* → am Felderbach entlang → ***links*** *Zur Fahrentrappe* runter → am Hof mit Teich hoch,

12 oben ***links versetzt*** auf *Dunkerweg* hoch (Bank mit Aussicht) → *Deilbachweg* ***links*** hoch,

13 an der der *Elberfelder Straße* ***rechts*** → auf Horather Schanze Richtung Dönberg → kurz nach der Ampel ***links*** in *Am Langensiepen* → *Am Dönberg* ***rechts*** hinunter.

km 25

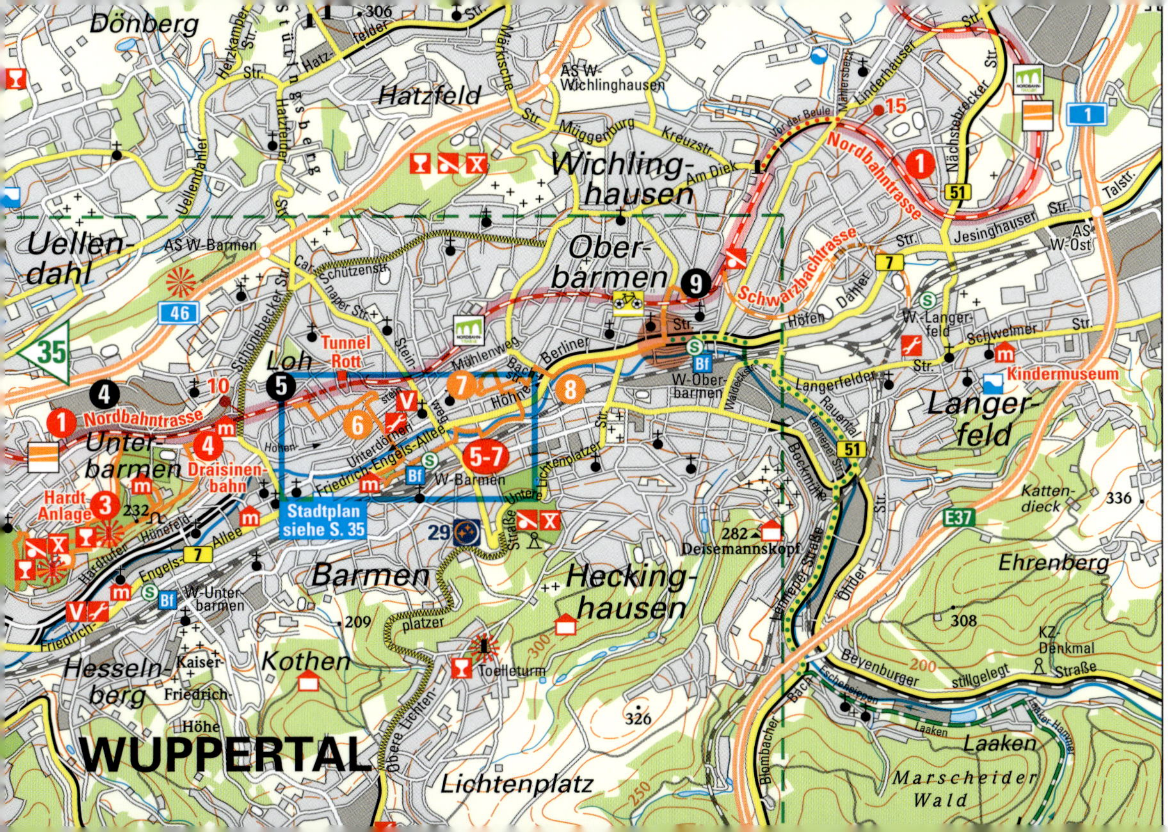

Wegbeschreibung

km 13 ❾ auf der **Nordbahntrasse** über das Neubaugebiet Bergische Plateau (600 m über die Straßen *Am Diek* und *Vor der Beule* bei den Supermärkten) nun 7 km bis zum **Tunnel Schee** (weiterlesen auf S. 36).

Auf der Nordbahntrasse kurz vorm Tunnel Rott

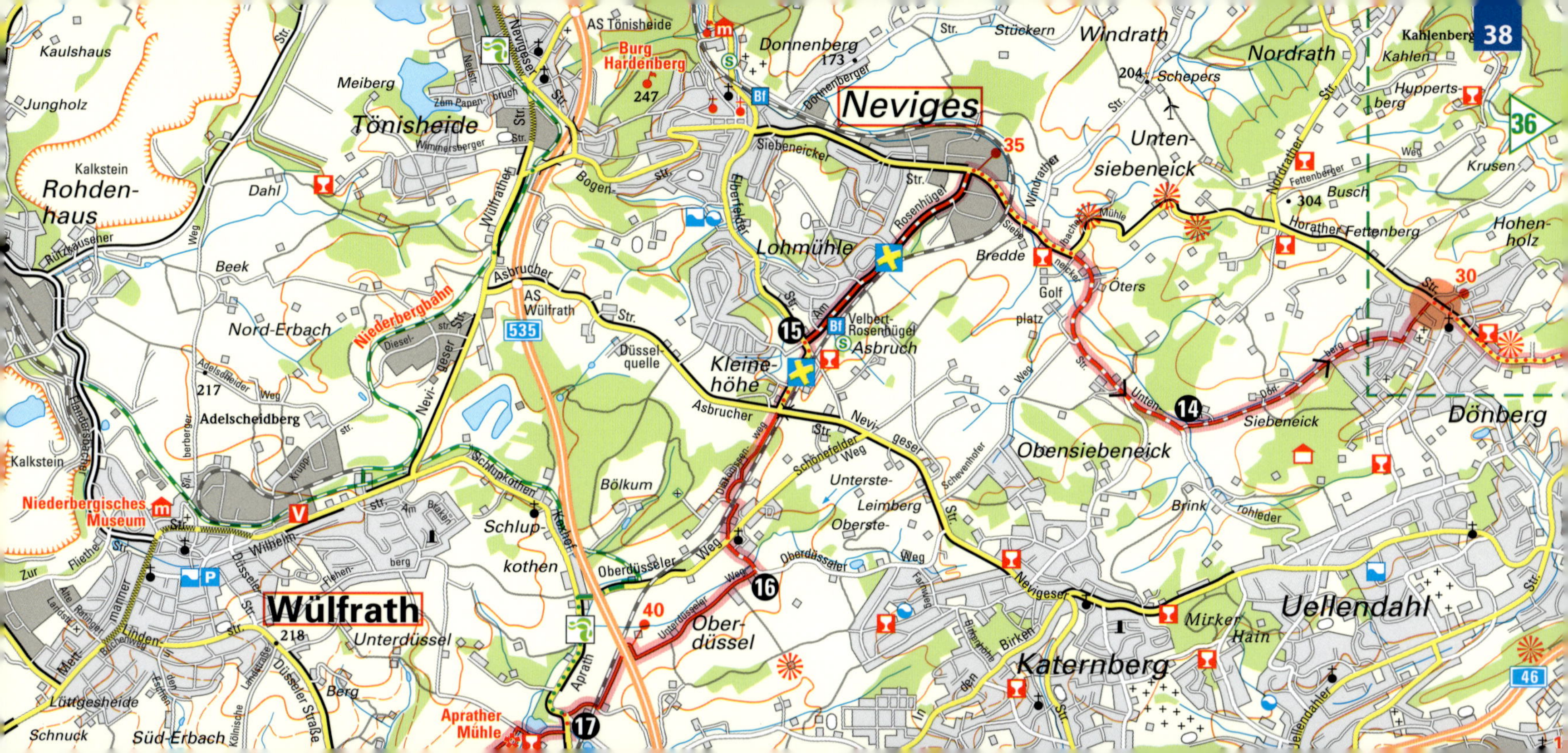
Neviges
Wülfrath
Tönisheide
Rohden-haus
Katernberg
Uellendahl
Dönberg
Nordrath
Windrath
Unten-siebeneick
Obensiebeneick
Lohmühle
Kleine-höhe
Asbruch
Velbert-Rosenhügel
Ober-düssel
Unterdüssel
Schlup-kothen
Bölkum
Nord-Erbach
Adelscheidberg
Beek
Dahl
Kalkstein
Jungholz
Kaulshaus
Meiberg
Donnenberg
173
Burg Hardenberg
247
AS Tönisheide
AS Wülfrath
535
Niederbergbahn
Niederbergisches Museum
Aprather Mühle
Düssel-quelle
Bredde
Golf
platz
Öters
Siebeneick
Brink
Unterste-
Leimberg
Oberste-
Kahlenberg
Kahlen
Hupperts-berg
Krusen
Busch
304
Hohen-holz
Schepers
204
Stückern
Lüttgesheide
Schnuck
Süd-Erbach
Berg
Mirker
Hain
218
217
36
46
14
15
16
17
30
35
40

Wegbeschreibung

km

14 ***Rechts*** auf die *Untenrohleder* → ***rechts*** *Siebeneicker Straße* weiter am Haus Sondermann (Biergarten) vorbei → nach 2,7 km vor Neviges ***links*** *Am Rosenhügel* (Gewerbepark) → S-Bahn Rosenhügel (35 km).

15 An der **Ampel** ***links*** *Dillenberger Weg* → über *L355* in *Diakonissenweg* an Schienen entlang → hinter Bahnschranke ***rechts*** (Kaiser-Route) → an der Kirche ***links*** *Oberdüsseler Weg*,

39 **16** hinter der **Diakonie Aprath** auf *Unterdüsseler Weg* ***rechts*** → unter *A 535* entlang der Schienen → über Gleise ***links*** zur Straße *Aprath* und den Panorama-Radweg Niederbergbahn (Anschluss Tour 1).

17 An den **Radweg-Schildern** gleich ***rechts*** (vor S-Bahn Aprath) in Düsseler Feld zur Aprather Mühle (Restaurant) → hinter dem Mühlenteich ***links*** auf Düsseler Feld,

18 an der **2. Kirche** ***rechts*** auf der *Dorfstraße* → über *Tillmannsdorfer Straße* ***geradeaus*** → ***rechts*** *Hohlweg* hoch → oben an der *L422* ***links*** in *Hahnenfurther* (Wirtschafts-) *Weg* (Niederbergbahn, Kaiser-Route),

19 über **Heisterfeld** (*B7*) schräg ***links*** in *Am Höfchen* → ***links*** (Niederbergbahn mit Anschluss zu Tour 4 hier rechts) *Schöllerweg* zur *B7* → ***rechts*** Hahnenfurth an Natursteinbrüchen vorbei,

46 **20** hinter der **Bahnunterführung** ***rechts*** im *Schlehenweg* bleiben (*R1*) → an der Schmiede Metallobjekte vorbei → am Weg *Ladebühne* unter der Bahn durch,

21 ***rechts*** entlang der **Gleise** → über sehr schmale Brücke zur Straße *Siegersbusch* → *Bahnstraße* (*B224*) ***rechts*** herunter über große Kreuzung zum

1 **S-Bahnhof Vohwinkel** Bf Ⓢ.

In der Ohligser Heide

Tour 4
Rund um Solingen und Haan

auf der Korkenzieher- und der Bergbahntrasse

Diese Tour erschließt uns zwei alte Bahntrassen in Solingen: die Korkenzieher- und die Bergbahntrasse. Insgesamt erwarten uns nur wenige Anstiege. Die Tour kann auch in eine Nord- und eine Südschleife aufgeteilt und somit in zwei Etappen gefahren werden. Dann bleibt mehr Zeit für einige der bekanntesten Marken des Bergischen Landes:

Tour 4	Tourinformationen
Start/Ziel	Bahnhof Gruiten Bf Ⓢ. Alternative Einstiege: Bahnhof Wuppertal-Vohwinkel Bf Ⓢ, Solingen Hauptbahnhof Hbf, Solingen-Mitte Bf, Bahnhof Leichlingen Ⓢ
Länge/Varianten	Nordschleife 30 km, Südschleife 40 km, Komplett-Tour 54,6 km + Abstecher (5 km Gräfrath + 13,2 km Neandertal/Gruiten-Dorf) Bahntrassenanteil 13 km / 24%
Ausschilderung	Radnetz NRW, Panorama-Radweg Niederbergbahn, Korkenziehertrasse, Bergbahntrasse, Wupperweg
Wegbeschaffenheit	auf der Korkenziehertrasse Asphalt, danach hoher Anteil an Waldwegen entlang der Wupper und durch die Heiden, Schotter mit Feinschicht auf der Bergbahntrasse, Nebenstraßen, Waldwege
Steigungen	mäßige Steigungen zwischen Gruiten und Start der Korkenziehertrasse sowie auf den letzten km vor Gruiten

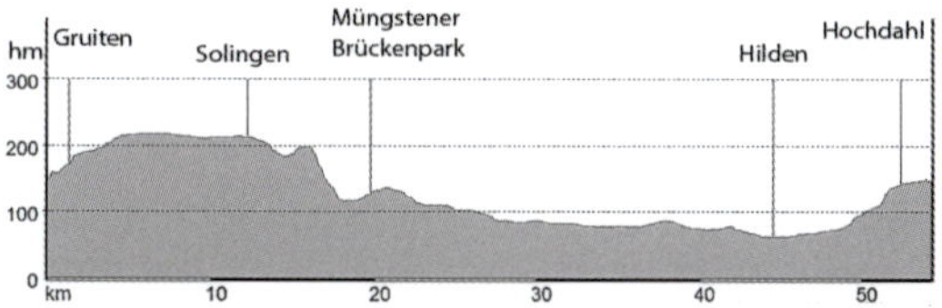

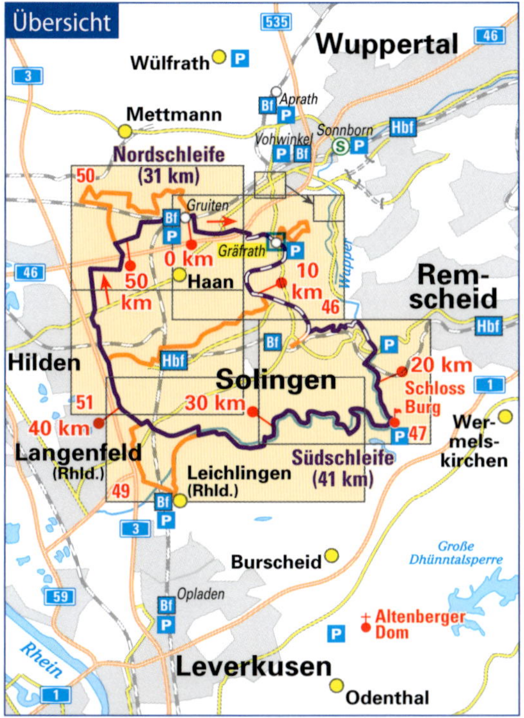

Solinger Klingen, Müngstener Brücke, Schloss Burg, idyllische Fachwerkdörfer, ein Schleifereimuseum und nicht zuletzt der fleißigste Fluss Deutschlands! In der Ohligser und Hildener Heide können seltene Pflanzen und Tiere beobachtet und zum Schluss noch ein Abstecher ins Neandertal unternommen werden.

***DIE TOUR BEGINNT** am Bahnhof Gruiten Bf S. Über Nebenstraßen, straßenbegleitende Radwege und ein kurzes Stück einer ehemaligen Straßenbahntrasse kommen wir zu den letzten Metern des Panorama-Radwegs Niederbergbahn. Nach einem kurzen Umweg über zwei Straßen gelangen wir schon wieder zum Ende der Niederbergbahn und Startpunkt der*

❶ Korkenziehertrasse

Die 11 km lange Bahntrasse verdankt ihren Namen ihrer kurvenreichen Führung vom Haaner Stadtrand über Gräfrath bis Solingen-Süd. Sie wurde im Rahmen der Regionale 2006 als Rad- und Fußweg ausgebaut und ermöglicht neue Ausblicke auf Stadt und Land. Die Trasse ist ein zentraler Teil des Bergischen Panorama-Radwegs. Durch Spenden von Bürgern (Bänke, Beleuchtung und historische Meilensteine) und Unternehmen (zwei Brücken, ein Tunnel) konnte eine qualitätsvolle Bahntrasse mit vielen Zugängen und Hinweisstellen verwirklicht werden. Eine ganz spezielle Einkehr ist beim Trassencafé in zwei umgebauten Eisenbahnwaggons möglich (nur sonntags bis 14 Uhr).

Schon nach wenigen Metern auf der Trasse gelangen wir nach

Start der Korkenziehertrasse

❷ Gräfrath

Der Stadtteil von Solingen hat für seine Größe von ca. 20.000 Einwohnern viel zu bieten, so z.B. den historischen Ortskern um den schönen **Marktplatz**, auf dem belebte Marktfeste stattfinden. Die Gassen und Treppen zum Klosterberg wirken mit den „bergischen" Häusern recht malerisch. Etliche Restaurants, Cafe´s und Hotel´s sind hier zu finden.

Ein Abstecher führt zu weiteren sehenswerten Orten wie dem **„Schloss" Grünewald** aus dem

15. Jh., dem **Tierpark Fauna** (Gartencafé) und dem eindrucksvollen **Lichtturm**. Beim Kloster und der **Kirche St. Maria** zeigt das **Klingenmuseum**, wie welche Schneidbestecke wofür genutzt wurden. Hier sind außerdem das **Heimatmuseum** und der **Kirchenschatz** untergebracht.

Weiter geht es steigungs- und verkehrsfrei auf der Korkenziehertrasse mitten durch Solingen. Am Abzweig ins Lochbachtal ist eine Abkürzung direkt zur Ohligser Heide möglich („Nordschleife" dieser Tour). Geradeaus geht es weiter durch den ***Schlagbaumtunnel*** *bis zum Abzweig zur*

❸ Bergbahntrasse

Die 5 km lange Bergbahntrasse war ein Teil der Ronsdorf-Müngstener Eisenbahn (1,7 km als Straßenbahn), die bis 1939 Personen und bis 1944 Güter beförderte. Die bereits 1903 vollständig elektrifizierte Kleinbahn wurde von der Barmer Bergbahn betrieben. Mit ca. 4 % hat sie mehr Gefälle als die anderen Bahntrassenwege – deshalb ist auch die Befahrung bergab zur Wupper empfehlenswert. Mit den restlichen Mitteln der Regionale 2006 wurde noch der notwendige Anschluss von Solingen zum **Brückenpark Müngsten** an der Wupper realisiert.

Eben diesen Brückenpark erreichen wir wenig später und bestaunen eines der Wahrzeichen des Bergischen Lands: die

❹ Müngstener Brücke

Auch als liegender Eifelturm bezeichnet, ist die Bogenbrücke aus genieteten Stahlgittern mit 107 m seit der Einweihung 1897 immer noch die höchste Eisenbahnbrücke Deutschlands. Die seit 2013 andauernde aufwendige Sanierung demonstriert die aktuelle Bedeutung der Verbindung von Solingen und Remscheid für die Bahn. Der Ingenieur Anton von Riepel hatte mit der Konstruktion im freien Vorbau und dem statisch unbestimmten Bogen Neuland im Brückenbau betreten, was zu einigen Legenden führte. Im Tal ist vom Brückenpark und dem Haus Müngsten eine spektakuläre Sicht auf das Bauwerk möglich.

Hinter der Brücke empfiehlt es sich, die Wupper zu überqueren – mit der

Müngstener Brücke

Schloss Burg

5 Schwebefähre

Mit einer Art Draisine (1,50 €, bis 18:00 Uhr) können Radfahrer ohne Brücke durch aktive Mithilfe „über die Wupper gehen" (ein Freizeitspaß, aber nichts für Pendler nach Düsseldorf!).

Danach geht es über ruhige Waldwege entlang der Wupper zum Ort Burg mit dem nächsten Wahrzeichen des Bergischen Lands:

6 Schloss Burg

Die restaurierte Burg aus dem 12. Jh. ist mit 250.000 Besuchern im Jahr das beliebteste Ausflugsziel in der Region. Im Museum können die repräsentativen historischen Räume mit den originalen Gegenständen in einem Rundgang besichtigt werden. Thematische Führungen (z.B. Speis und Trank) vermitteln die Lebenswelt des Mittelalters in einer passenden Umgebung. Auf der Burg gibt es das ganze Jahr über Ritterspiele, Märkte, Basare und kulturelle Veranstaltungen. Für das leibliche Wohl ist mit Cafés und Restaurants am Schloss wie in der Unterburg bestens gesorgt. An der Terrasse bei der Kaiserlinde hat man auch ohne eines der dort aufgestellten Fernrohre einen großartigen Blick auf das Bergische Land.

Schloss Burg kann mit der Seilbahn bequem vom Tal (sogar mit dem Rad – 2€, keine Pedelecs, April-Oktober 10-18 Uhr, in den anderen Monaten bitte Fahrplan beachten – siehe www.seilbahn-burg.de) erreicht werden.

Der südlichste Punkt der Tour ist hier erreicht und es geht nun entlang der Wupper in Richtung Rheinland. Bald kommen wir vorbei am

7 Balkhauser Kotten

In diesem Schleifermuseum wird demonstriert, wie vor den Dampfmaschinen und natürlich vor den Elektromotoren die Klingen und Scheren mit Wasserkraft geschärft wurden. Die (neuen) Kustoden (Bewohnerfamilie) ermöglichen den Zutritt zu den Werkstätten bis 17 Uhr (außer Montag) in dem hübsch gelegenen Fachwerkhaus an der Wupper. Während des Jahres gibt es den Waffeltag im April, das Kottenfest im Sommer und den Grünkohltag im Herbst. Aus dem Holz des ausgedienten Wasserrades wurden die Griffe der Sonderedition „Balkhauser Kotten" durch die traditionsreiche Messermanufaktur GÜDE gefertigt.

Wir folgen noch eine Weile dem Wupperradweg, bis es nach dessen Ende ein Stück über ruhige, nicht ausgeschilderte Straßen bis Wiescheid geht. Dort treffen wir auf die beschilderte EUROGA-Radroute und kommen vorbei am

8 Haus Graven

Seit 2010 ist die Wasser(vor)burg aus dem Dornröschenschlaf erwacht und strahlt nun abends bei Veranstaltungen eindrucksvoll im neuesten LED-Licht. Das ist z.B. beim Burgfest im Mai oder bei kulturellen Veranstaltungen (u.a. Kunstaustellungen, Konzerte und Lesungen) der Fall. Das Café Burgstube bietet draußen und drinnen bis 18 Uhr bergische Spezialitäten an.

Weiter geht es auf der EUROGA-Radroute zum

9 Park Engelsberger Hof

Der Park ist aus einem Gut der Gebrüder Engelsberg hervorgegangen, die das Ödland ab 1800 erworben

Haus Graven in Wiescheid

haben. Wegen des mageren Bodens wurde der Betrieb von den Nachfolgern eingestellt und das Restaurant Engelsberger Hof mit einem Garten, Teich und Spielplatz um 1908 eröffnet. Heute bietet das Ausflugslokal „Schlesische Schänke" mit einem prächtigen Biergarten den Wanderern und Radfahrern entsprechende Spezialitäten an.

Anschließend fahren wir auch schon mitten durch die

10 Ohligser Heide

Dieses Fauna-Flora-Habitat soll durch weitere Renaturierungsmaßnahmen in den ursprünglichen Zustand versetzt werden. Die Landschaft war hier noch vor 100 Jahren durch Heideland geprägt, weil Generationen vorher die dichten Laubwälder gerodet hatten und Schafe hier weideten.

Ein paar Meter weiter kommen wir an die Gabelung, wo der Weg vom Lochbachtal (der die Tour in Nord- und Südschleife teilt) auf die Hauptroute trifft. Hier geht es auch zum ***Vogelpark und Streichelzoo*** *mit Spielplatz. Geradeaus fahren wir weiter durch die*

11 Hildener Heide

Bei der Waldkaserne und dem Waldbad liegt die teilweise unter Naturschutz stehende Hildener Heide. In dem landschaftlich reizvollen Gebiet finden Naturliebhaber bei ihren Wanderungen eine Vielzahl von seltenen Pflanzen. An dem Stadtwaldteich Hoxbach sind auch Eisvögel gesichtet worden. Die mäandrierenden

Bäche sind ein Teillebensraum für Amphibien. Vor der A 46 steht beim Forsthaus die ca. 250 jährige „Lieven Eiche" mit einem Gedenkstein für den Schenker des Stadtwaldes.

Nach Verlassen der Heide und einem kurzen Abschnitt auf einem straßenbegleitenden Radweg können wir uns entscheiden zwischen dem direkten Weg zurück nach Gruiten oder einem Abstecher ins Neandertal. Der direkte Weg zurück führt über eine moderate Steigung auf ein Feld, von dem sich eine schöne Aussicht auf das Rheinland eröffnet. Dort steht die

⓬ Sternwarte Neanderhöhe Hochdahl

Die von Amateurastronomen gegründete und betriebene Volkssternwarte snh hat im Sternwartenweg ihr Observatorium. Nach Vorträgen zum aktuellen Sternehimmel wird ab 20 Uhr auf besondere Themen (z.B. Satelliten-Navigation) eingegangen. Die Beobachtungsabende mit verschiedenen Teleskopen sind freitagabends abhängig vom Wetter.

Die Variante durchs Neandertal führt uns zunächst zum

⓭ Neanderthal Museum

Dieses Museum widmet sich der Ur- und Frühgeschichte der Menschheit und damit u.a. den nach ihrem Fundort benannten Neandertalern. Der ovale Neubau stammt von 1996, im Inneren läuft man auf einer ansteigenden Spirale stetig nach oben.

Zum Museum gehören eine Steinzeitwerkstatt und ein Außenbereich in unmittelbarer Nähe der Fundstelle, wo 1856 die Neandertaler-Knochen gefunden wurden. Vom Neandertal, wie es zu Lebzeiten seiner berühmten Bewohner aussah, ist allerdings nach dem Kalkabbau heute nichts mehr wiederzuerkennen.

Danach bleiben wir im Tal der Düssel und fahren auf Waldwegen bis

⓮ Gruiten-Dorf

Gruiten-Dorf an der Kleinen Düssel ist eine idyllische Siedlung mit besonders gut erhaltenen Fachwerkhäusern. Der nahe Kalktagebau zeigt sich nicht nur im Gruitener Wappen, sondern auch bei der Verwendung von behauenem Dolomit. Das älteste Gebäude „Haus am Quall" (Bauernburg mit Fluchtturm aus dem 12. Jh.) wurde nach ersten Abbrucharbeiten in den Sechzigern durch die Bürger gerettet. Die Liste lokaler Baudenkmäler wird ergänzt durch die beiden Kirchen, das Offershaus (Küster) und das Doktorhaus (heute Wohnhaus) am Heinhauser Weg. Des Weiteren gibt es im Ortskern das „Café im Dorf", wo u.a. Kunstaustellungen und Lesungen stattfinden.

Der Radnetz-Beschilderung folgen wir das letzte Stück bergauf zum Bahnhof Gruiten Bf Ⓢ.

Wer sich für eine der beiden kürzeren Routenvarianten und damit für die Passage durchs Lochbachtal entscheidet, kann dem Solinger LVR Industriemuseum einen Besuch abstatten:

⓯ Rheinisches Industriemuseum Gesenkschmiede Hendrichs

Hier wurden bis 1986 Scherenrohlinge geschmiedet. Danach erwarb der Landschaftsverband Rheinland (LVR) die komplette Anlage mitsamt Fabrikantenvilla und gestaltete sie in ein Museum um, in dem immer noch (schau-)produziert wird. Alle Maschinen und Werkzeuge sind noch vorhanden.

Wegbeschreibung

km	
	❶ Start **S-Bahnhof Gruiten** Ⓢ → ***rechts*** *Brückenstraße* → über die Ampel ,
	❷ an **T-Kreuzung *rechts*** auf Radweg über die Eisenbahnbrücke,
	❸ vor **Kreisverkehr *links***, auf Radweg weiter entlang *Gruitener Straße L357* → **Achtung** an Shell Tankstelle! Vor dieser auf rechte Straßenseite und über Ampelkreuzung in *Gräfrather Straße* → nach 140 m diese nach ***links*** queren. (Alternative: von Tankstelle ***links*** Fußweg neben *Gräfrather Straße* 140m schieben.)
	❹ ***Links*** auf alte **Bahntrasse** → nach einigen Metern ***rechts-links*** und kurzer steiler Anstieg, dann
	❺ scharf ***rechts*** auf **Panorama-Radweg Niederbergbahn**, diesem folgen (Wibbelrath, Westring, *A 46* unterqueren) → an T-Kreuzung über Fußgängerampel *L357* queren und ***rechts*** zum
4	❻ **Startpunkt** der ① Korkenziehertrasse → dieser folgen bis zur
	❼ *Walder Str.* (hier Abstecher ② Gräfrath) → weiter über Ampel und Parkplatz.
	❽ **Vorsicht:** steile Rampe und Tunnel! → vorbei am Walder Bahnhof (Einkehr),
10	❾ weiter ***geradeaus*** → durch Schlagbaumtunnel.

Abkürzung Nordschleife (Korkenzieher – Lochbachtal – Ohligser Heide)

❾ Hier links/rechts Trasse verlassen und Beschilderung **Radnetz NRW** durchs Lochbachtal bis Solingen Hbf. Hbf folgen (Fortsetzung siehe S. 51).

Wegbeschreibung

km

10 Am **Wegweiser** Richtung Bergbahntrasse ***links*** **1 Korkenziehertrasse** verlassen und weiter Beschilderung Radnetz NRW folgen ➔ durch einen Park (auf Fußgänger achten!) ➔ weiter den Schildern folgen und bis zur

11 **Aussichtsstelle.** Hier ***rechts*** bergab ➔ vor der Bahnbrücke scharf ***links*** auf die **3 Bergbahntrasse** und dieser folgen ➔ unten den zweiten Weg ***links***, an Gebäuden vorbei ➔ neben *Remscheider Straße* auf Radweg bleiben.

18 **12** ***Rechts*** auf *Müngstener Brückenweg* (alternativ Fußgängerunterführung nutzen!) ➔ durch den **Brückenpark Müngsten** und unter der **4 Müngstener Brücke** hindurch zur **5 Schwebefähre** (1,50 €, bis 18 Uhr, **ACHTUNG**: auf Fährzeiten achten, www.brueckenpark-muengsten.de, Tel. 0212 / 2443685) ➔ über die Wupper und auf der anderen Seite ***rechts*** ➔ weiter entlang der Wupper ➔ der Weg wird zur *Müngstener Straße* und trifft auf die

13 *Solinger Straße*: hier ***rechts*** und Beschilderung **Radnetz NRW** folgen ➔ an der O-Bus Drehscheibe und Seilbahn Talstation (**hier Abstecher zu 6 Schloss Burg**) vorbei in *Hasencleverstraße* ➔ auf einen Waldweg auf den Wupperradweg.

Wegbeschreibung

km 26 35 38

14 *Links* über die **Bohlenbrücke** über die Wupper am Tierheim Glüder (preiswerte Schänke mit Waffeln) → ***rechts*** am Wasserwerk vorbei → *Glüder Straße* ***rechts*** wieder über die Wupper am Haus Glüder und dem Campingplatz vorbei → *Balkhauser Weg* weiter (7 Balkhauser Kotten).

15 In **Balkhausen** ***links*** Straße *Balkhausen* → gerade in den Wald an der Wupper lang → ***rechts*** beim Stein 747 am Waldrand wieder zur Wupper → am Parkplatz Landhaus Wupperhof kurz auf den *Odenthaler Weg (L 427)* ***rechts*** hoch,

16 150m ***links*** **Wüstenhof** nach Leichlingen (9,4 km) durch den Wald → Oberrüden und Unterrüden mit hübschen Fachwerkhäusern.

17 Am **Haus Rüden** ***links*** in Unterrüden (Schutzhütte mit Tafel zum Obstweg Solingen) über die Wupper → am **Haus Fähr** ***rechts*** in Rödel → durch den Wald auf einem Forstweg ***links*** der Wupper → am Feld an einer Wegkreuzung ***rechts*** → in Linkskurve am Wohnhaus an der Wupper lang (auf der anderen Seite ist die Schleiferei und das Museum Wipperkotten, das Gut Nesselrath liegt links),

18 an der **Kreisstraße** ***rechts*** über die **Wupper** (hier wird die Beschilderung des Radnetzes NRW für ein paar km verlassen - zum Bf. Leichlingen der Beschilderung nach ***links*** folgen) und gleich wieder ***links*** in die *Wipperauer Straße* → mit sanfter Steigung hinauf zur *Opladener Straße*, diese kreuzen → weiter der *Wipperauer Straße* folgen bis zur

19 *Landwehrstraße / B229* → **Achtung**, komplizierte Kreuzung! Erst ***links*** in die *Landwehrstraße*, unter der Eisenbahnbrücke hindurch und gleich wieder ***links*** auf straßenbegleitenden Radweg → die laute Straße an der ersten Gelegenheit ***rechts*** verlassen in *Zur Wasserburg* → an der dritten Kreuzung ***links*** in *Verbindungsstraße* → zweimal ***rechts*** *Parkstraße* (ab hier wieder Beschilderung **Radnetz NRW**) → über die Kreuzung ***geradeaus*** *Im Schwanenfeld* → vorbei an der 8 Wasserburg Haus Graven → die *Haus Gravener Straße* kreuzen → über *Krüdersheide* vorbei an der Schwanenmühle.

Ohligser Heide

Schloss Hackerhausen
Kattenberg
Neuenhaus
Elsterbusch
Bünkenberg
Sattelsberg
207
Scharf-hausen
Burger Landstr.
236
Krüders-heide
Hack-hausen
Bonner Str.
Löhdorfer
Neuen-
Ober-höhscheid
Berger Straße
Mittel-höhscheid
Odentaler W.
Jagen-berg
Aufderhöher Str.
229
Odental
Hästen
40
68
3
Untenhöhscheid
Widdert
Vockert
Wüstenhof
Pfaffenberg
Haus Graven
8
Kohlsberg
Umleitung Schiebestrecke
14
15
16
Wiescheid
19
Landwehrstr.
Löhdorf
Leichlinger Str.
Vormeis-winkel
Hinten-meiswinkel
Wupperhof
Wupper
7
Balkhauser Kotten
(NFH)
25
Wippe
35
Wipperaue
Hohenpuhler W.
30
E35
Gosse
Wipperkotten
Unten-rüden
17
Oben-rüden
182
47
Feld-hausen
18
Nesselrath
Leysiefen
Friedrichs-tal
Wolfstall
Hardt
Horn
Kradenpuhl
165
Rödel
Orth
Herscheid
Flamerscheid
AS Solingen
Ober-büscherhof
Brach-hausen
Ziegwebers-berg
Opladener
Bennert
Kempen
Solinger Str.
Dierath
Hauptstraße
Bergische
Unter-berg
AK Langenfeld
Bergerhof
Grünscheid
Unter-büscherhof
Krähwinkel
Krähwinkeler W.
Leichlinger Str.
AS Langenfeld-Immigrath
542
90
Wupper
Witzhelden
Leichlingen (Rheinland)
P Bf
Wilhelmstal
Krähwinkel
Burscheider Str.
Krabbenhäuschen
Höhscheid
Landstr.
NSG
(NFH)
Metzholz
20
51

Wegbeschreibung

km	
	22 An **Gabelung**, wo EUROGA-Route links abzweigt, ***geradeaus*** → an T-Kreuzung ***rechts*** → über die Lichtung und am Restaurant ***rechts*** zur Fußgängerampel → *Flurstraße* queren und nach ***links*** auf Radweg → unter der *A 46* hindurch,
50	**23** hinter ARAL-Tankstelle ***rechts*** *Hausmannsweg* → an Weggabelung ***links***, kurz darauf ***rechts*** *Wilbecker Straße* → an deren Ende ***rechts*** und zweimal ***links*** aufs Feld → vorbei an **12** Sternwarte Neanderhöhe bis zur **24** *Gruitener Straße*, ***rechts/links*** durch Bahnunterführung → ***rechts*** parallel zu den Gleisen → kurze Steigung am Puderberg → vorbei am Parkplatz zum
54	**1** **Bahnhof Gruiten** Bf S.

Variante Düsseltal zu Neandertalmuseum und Gruiten-Dorf (12 km ersetzt 4 km der Hauptroute)

23 ***Geradeaus*** *Haaner Straße* → über *Gruitener Straße* → hinter Bahnunterführung ***links***, weiter neben der Bahn → ***rechts*** *Hauptstraße* → vor S-Bahnhof Hochdahl S ***rechts*** Thekhaus (EUROGA-Radroute) bergab zum **13** Neanderthal Museum → entlang der Düssel (bis zur Winkelsmühle z.T. anspruchsvoller Waldweg!) nach **14** Gruiten-Dorf → dem Radnetz NRW folgen über *Prälat-Marschal-Str.* und *Bahnstr.* zum

1 **Bf. Gruiten** Bf S.

Wegbeschreibung

km

20 Vorbei am **9** Engelsberger Hof → weiter durch die **10** Ohligser Heide der Beschilderung Radnetz NRW / EUROGA-Route folgen bis zur

42

21 **Weggabelung**, an der die Abkürzung durchs Lochbachtal (S. 46) auf die Hauptroute trifft → weiter der Beschilderung folgen → *Walder Str.* kreuzen → *Elberfelder Str.* kreuzen und durch die **11** Hildener Heide bis zur Gabelung (weiter oben auf S. 50).

Abkürzung Nordschleife (Korkenzieher – Lochbachtal – Ohligser Heide) Fortsetzung von S.46

Von **Solingen Hbf.** Hbf ***rechts*** in die **Talstraße** → an T-Kreuzung ***links*** *Bonner Straße* → ***rechts*** *Hubertsstraße* → ***geradeaus*** in *Hermann-Löns-Weg* → vorbei am Solinger Vogel- und Tierpark → an der Weggabelung ***links***, dann ***rechts*** und am Teich nochmals ***rechts*** bis zur Hauptroute bei **21**.

Abkürzung Südschleife (Ohligser Heide – Lochbachtal – Korkenziehertrasse)

21 ***Rechts***, bis zum **Teich**, vor diesem ***links*** → nächste Gabelung ***links***, dann ***rechts*** → *Hermann-Löns-Weg*, vorbei am Solinger Vogel- und Tierpark → ***geradeaus*** *Hubertusstraße* → ***links*** *Bonner Straße* → ***rechts*** *Emscherstraße* → *Emdenstraße* → ***rechts / links*** *Keiderstraße* → ***links*** *Bahnhofstraße* zum Solinger Hauptbahnhof Hbf → Schildern des Radnetz NRW folgen bis und durch Lochbachtal zur *Korkenziehertrasse* bei **9**.

Auf der Sambatrasse durch den Wald

Tour 5
Von den Tigern in den Urwald

Rundtour für Einsteiger auf der Sambatrasse

Dies ist eine ideale Einsteigertour und schon allein wegen ihrer Länge auch sehr gut für Kinder geeignet. Mit kaum spürbarer Steigung windet sich die Sambatrasse absolut verkehrs- und stressfrei durch den Wald. Gleich zu Beginn erwartet uns ein Highlight: An der Brücke über den Zoo können Tiger beobachtet werden! Vor dem

Tour 5	Tourinformationen
Start/Ziel	S-Bahnhof Wuppertal Zoologischer Garten Ⓢ
Länge/Varianten	14,1 km + Abstecher 3,6 km zum Ende der Trasse in Cronenberg und zurück, Bahntrassenanteil 5 km / 36%
Ausschilderung	Sambatrasse, R3a , Radnetz NRW
Wegbeschaffenheit	wassergebundene Decke auf der Sambatrasse und einem Teil der Abfahrt an die Wupper, sonst Asphalt
Steigungen	Leichte kurze Steigungen zwischen Bahnhof und Start der Sambatrasse, insgesamt verteilen sich 150 Höhenmeter auf die Strecke vom Start bis zum Bf. Küllenhahn. Leichte Steigungen entlang der Wupper und zwischen Zoo und Ziel.

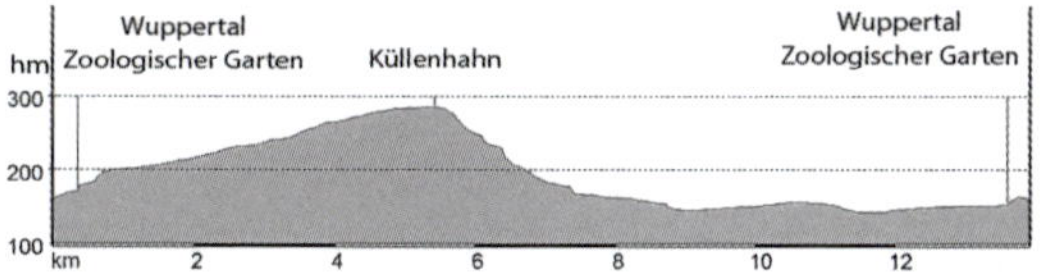

Bahnhof Küllenhahn geht es hinab durchs Burgholz zur Wupper und an dieser zurück zum Zoo, der immer einen Besuch lohnt.

Übersicht

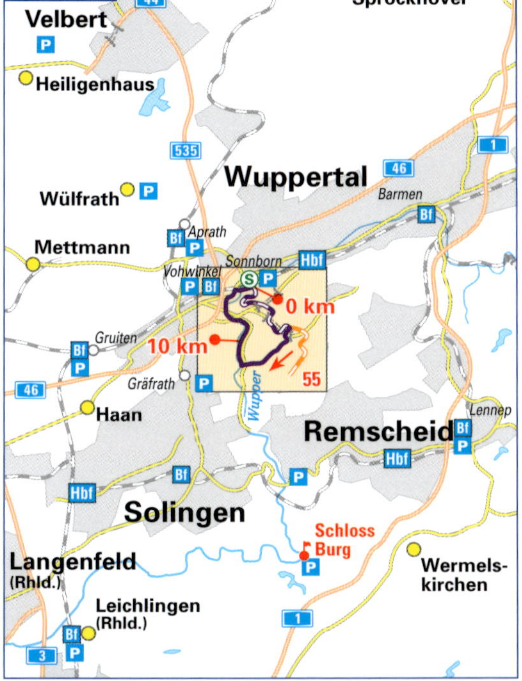

DIE TOUR BEGINNT am S-Bahnhof Wuppertal-Zoologischer Garten Ⓢ. Gleich nach Verlassen des Bahnhofs radeln wir durch das ***Wuppertaler Zooviertel*** *zur*

❶ Sambatrasse

Die 1891 eröffnete Burgholzbahn, wegen der schaukelnden Schienenbusse auch Samba genannt, schlängelte sich einst von Steinbeck bis nach Cronenberg hinauf. 1988 wurde sie nach massiven Protesten stillgelegt und schließlich 2007 ab dem ehemaligen Haltepunkt Hindenburgstraße zu einem 11 km langen Fuß- und Radweg mit wassergebundener Oberfläche umgebaut. Sie hat seitdem ein intensiv genutztes Naherholungsgebiet für Spaziergänger, Jogger und Radfahrer neu erschlossen. Der Staatsforst und Orte wie die 1871 gepflanzte Kaisereiche waren schon damals ein beliebtes Ausflugsziel für ein Picknick oder einen Kaffee mit Kuchen im Gartenrestaurant am Bahnhof Burgholz. So konnte man der beengten Stadt wenigstens an den Sonntagen mit der Bahn ins Grüne entfliehen.

Vom Start der Trasse am ehemaligen Haltepunkt Hindenburgstraße folgen wir der Trasse kurvenreich und mit sanfter, kaum spürbarer Steigung (2%) bis zur spektakulären Brücke über den

❷ Wuppertaler Zoo

Der Zoo gehört mit seinen schönen Parkanlagen und historischen wie modernen Gebäuden zu den attraktivsten Orten von Wuppertal – seit 1881 zieht er Besucher von nah und fern an. Waren anfänglich v.a. die Besichtigung exotischer Tiere und Gondelfahrten auf dem großen Teich die Beweggründe, so kommen heutzutage neben kulturellen Veranstaltungen auch die Angebote des Zoopädagogischen Zentrums dazu. Diese können eindrucksvolle Einsichten in die biologischen Zusammenhänge vermitteln. Besondere Anlagen wie ein Acrylglastunnel, der Königspinguine beim Tauchen zeigt, haben zur Spitzenbewertung unter deutschen Zoos geführt.

Nach der Erweiterung des Areals über die Sambatrasse hinaus führt diese mit Hilfe einer Brücke direkt über das Tigergehege (ein Schild informiert daher über das „Essen auf Rädern").

Radler auf der Zoobrücke

Weiter folgen wir der Bahntrasse, die sich immer weiter durch den Wald windet.

❸ Arboretum Burgholz

Die Sambatrasse umfährt das weit bekannte einmalige „Arboretum" im Staatsforst Burgholz. Nach dem Raubbau im Mittelalter für Bau- und Brennmaterial und der Rodung für Weiden hatte sich der „Bergische Busch" verbreitet. Mit der aufkommenden Forstwirtschaft und der Kohleförderung konnte sich der Wald wieder erholen. Sehr früh wurden um 1820 und ab 1900 gezielt nichtheimische Gehölze angebaut. Heute können Waldbesucher Bäume aus Asien, Nordamerika (Mammutbaum) und dem Mittelmeer durch Führungen erklärt bekommen oder mit Hilfe der Broschüre Arboretum des WPZ selbst entdecken.

TIPP: In Cronenberg liegt das **Waldpädagogische Zentrum (WPZ)**, dessen Schwerpunkt die Umweltbildung für Kinder ist. Auf dem Programm stehen aber auch Kurse für Erwachsene (u.a. Wildnistraining, Naturkosmetik, Meditation, Malen).

Bahnhof Burgholz

Kurz vor dem ehemaligen Bahnhof Küllenhahn verlässt diese Rundtour die Sambatrasse.

Bahntrassenfans können von hier einen Abstecher bis zum Ende der Trasse in Cronenberg und wieder zurück unternehmen – der Weg wird nur zweimal kurz von Straßenkreuzungen unterbrochen und ist nicht zu verfehlen.

*Die Hauptroute biegt hier ab und folgt dem Burgholzbach bergab durchs Burgholz zur Wupper. Dieser folgen wir nach Wuppertal-Sonnborn. Auf einem sicheren Radweg neben der Bundesstraße erreichen wir praktisch zeitgleich das **Stadion**, die **Wuppertaler Schwebebahn** (s. Tour 3, S. 32) und die*

❹ Hauptkirche Sonnborn

Die äußerlich ungewöhnlich wirkende ev. Hauptkirche ist zwar erst Mitte der 1920er erbaut worden, auf dem Standort wurde jedoch schon ab dem 6. Jh. eine erste Kirche errichtet. Nach dem Brand 1917 musste die zweite von 1839 durch die neue ersetzt werden. Der quadratische Turm ohne Dach, welcher der Kirche ein burghaftes Aussehen verleiht, hat eine Aussichtsplattform in 45 m Höhe. Durch den Umbau zu einer Familienkirche 2006 ist ein multifunktionaler Raum (Gemeindecafé, Spielraum, …) entstanden, der vom BDA die Auszeichnung guter Bauten erhalten hat.

*Kurz vor der Schwebebahnhaltestelle **Am Stadion** biegen wir rechts ab und fahren vorbei am **Zoo** (den wir von hier aus auch besuchen können) und durchs **Zooviertel** zurück zur S-Bahn-Station Zoologischer Garten Ⓢ.*

Wegbeschreibung

km
❶ Start am **S-Bahnhof W-Zoologischer Garten** Ⓢ → über *Siegfriedstraße* in *Walkürenallee* → *Kaiser-Wilhelm-Allee* ***kreuzen*** → ***links*** *Jägerstraße* → am Brunnen weiter ***geradeaus*** → ***links*** *Freyastraße* → kurz darauf gegenüber Bushaltestelle ***rechts*** *Eddastraße* → bei Beginn der Garagenreihe ***rechts*** zum

❷ **Startpunkt** der 1 Sambatrasse → der Trasse durch den Wald folgen bis zur

❸ **Brücke** über den 2 Wuppertaler Zoo (tolle Aussicht direkt ins Tigergehege!) → immer weiter auf der Bahntrasse entlang,

4 ❹ am Infoschild **„Kaisereiche"** weiter ***geradeaus*** → vorbei am alten **Bahnhof Burgholz**, heute eine Ausflugsgaststätte → vorbei an der Signalanlage und

❺ kurz vorm ehem. **Bf. Küllenhahn** ***rechts*** in *Nöllenhammerweg*. **Vorsicht**, es geht steil bergab!

Abstecher bis zum Ende der Sambatrasse und zurück (7 km)

Weiter auf der **Bahntrasse** → zwischenzeitlich kurz asphaltiert → Vorsicht beim Kreuzen der *Korzerter Straße*, hinterm gelben Werktor ***rechts*** und bergab vorbei am Freibad Neuenhof → durch den Wald hinauf nach Cronenberg, dort an Ampel die *Hauptstraße* kreuzen, vorbei am Schienenbus zum Ende der Trasse.

❻ An **Kreuzung** weiter ***geradeaus***, ***rechts*** neben Burgholzbach bleiben,

❼ an Wandertafel **Bach** queren, dann ***rechts*** auf Waldweg (auf der rechten Bachseite eine tolle Bade- und Spielstelle für Kinder!) → später weiter ***geradeaus*** asphaltiert → unter *Hauptstraße* hindurch,

9 ❽ vor **Wupperbrücke** ***rechts*** auf den Radweg,

❾ an **Gabelung** ***links*** bleiben → bei Jugendfarm auf Straße → vorbei am Kinderhaus bis zur

❿ **Wupperbrücke** → direkt hinter dieser ***rechts*** auf Radweg → vorbei am **Stadion** und 4 Hauptkirche ✝.

14 ⓫ Kurz vor **Schwebebahn**-Haltestelle ***rechts*** über Wupperbrücke Schweriner Ufer → ***rechts*** *Hubertusallee* → gegenüber Stadion-Ausgang ***links*** *Kaiser-Wilhelm-Allee* → durch Kreisel ***geradeaus*** → ***links*** *Walkürenallee* zur

❶ **S-Bahn-Station Wuppertal Zoologischer Garten** Ⓢ.

Marscheider Bachtal

Tour 6
Von der Tuchmacherstadt ins Rheinland

Streckentour für Einsteiger auf der Balkantrasse

Eine ideale Einsteigertour verläuft auf dieser 2014 fertiggestellten Trasse. Von Lennep nach Bergisch Born geht es zunächst etwas bergan, danach bis Opladen praktisch nur noch bergab. Unterbrochen ist der Bahntrassengenuss nur in Wermelskirchen, wo auf innerörtliche Straßen ausgewichen werden muss.

Tour 6	Tourinformationen
Start/Ziel	Bahnhof Remscheid-Lennep Bf Ⓢ bzw. Wuppertal-Oberbarmen Bf Ⓢ / Bahnhof Opladen Bf
Länge/Varianten	29,2 km + ggf. 16,4 km Zufahrt von Wuppertal-Oberbarmen bis Lennep, Bahntrassenanteil Lennep-Opladen 24 km / 86%
Ausschilderung	Panorama-Radweg Balkantrasse
Wegbeschaffenheit	von Lennep bis Opladen durchgehend asphaltierte Bahntrasse (Ausnahme: Wermelskirchen mit asphaltierten Ortsstraßen), Zufahrt von W-Oberbarmen nach Lennep mit asphaltierten Straßen oder straßenbegleitenden Radwegen
Steigungen	von Lennep bis Opladen praktisch steigungsfrei, Zufahrt von W-Oberbarmen mit einigen mittleren und einer starken Steigung

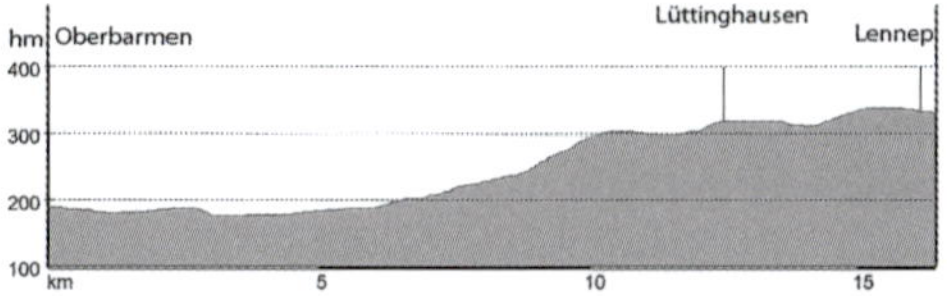

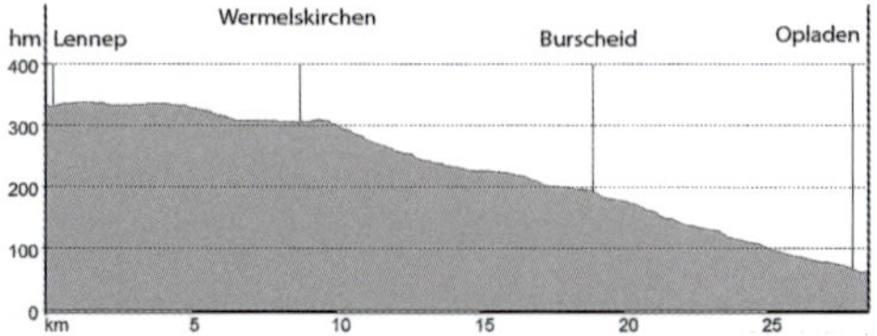

Das gleiche ist für eine kurze Strecke in Hilgen nötig und am Ende in Opladen auf dem letzten Stück zum Bahnhof – ansonsten Bahntrassenradeln pur!

Etwas anspruchsvoller ist die Zufahrtsvariante von Wuppertal Oberbarmen nach Lennep.

***DIE TOUR BEGINNT** am Bahnhof Wuppertal-Oberbarmen Bf Ⓢ oder direkt am Bahnhof Remscheid-Lennep Bf Ⓢ.*

Die Zufahrt von Wuppertal-Oberbarmen führt zunächst an der Wupper und dann am Marscheider Bach entlang. Erst geht es mit mäßiger, dann einmal mit starker Steigung hinauf nach Lüttringhausen und von dort weiter nach

Brücke an der Balkantrasse

Remscheid-Lennep

Bereits 1230 wurde Lennep zur Stadt erhoben und war als Mitglied der Hanse eine der bedeutendsten Städte im Bergischen Land. Hier begann die Industrialisierung der Textilindustrie. Heute ist Lennep in die kreisfreie Stadt Remscheid eingemeindet. Sehenswert ist die in der Grundstruktur mittelalterliche **Altstadt**, die von den Kriegseinwirkungen weitgehend verschont geblieben ist.

*Wer der **Altstadt** (siehe Tour 7 S. 65) einen Besuch abstatten möchte, kann das direkt hier tun. Wer aber gleich losradeln möchte, für den beginnt rechts neben dem Bahnhof die*

❶ Balkantrasse

Die im rheinischen Volksmund wegen der in eine dünn besiedelte Gegend führenden Bergbahn so benannte Trasse verläuft von Leverkusen-Opladen über Burscheid, Wermelskirchen und Bergisch Born nach Remscheid-Lennep und stellt die ideale Verbindung zwischen Rheinschiene und Bergischem Panorama-Radweg her. Der erste Abschnitt zwischen Burscheid und Lennep konnte im April 2012 eröffnet werden, der zweite Bauabschnitt bis Opladen folgte Ende Mai 2014. Die restliche Trassenanbindung an den Bahnhof Opladen ist für Mai 2016/17 geplant. Das Leverkusener Teilstück wurde u.a. durch den „Bahntrassen-Papst“ Dr. Achim Bartoschek (www.bahntrassenradeln.de) und den ADFC Leverkusen initiiert und konnte erst nach einigen Widerständen durch das bürgerschaftliche Engagement des Fördervereins Balkantrasse Leverkusen e.V. und eine Landesförderung gebaut werden.

Zum Befahren mit dem Fahrrad empfiehlt sich die entgegengesetzte Richtung vom „Balkan“ hinunter ins Rheinland. So kann man von Remscheid-Lennep (335 m Höhe) die asphaltierte Trasse bequem und mit herrlichen Ausblicken hinunterfahren. Grundsätzlich ist aber bei der eher geringen Steigung auch in Richtung Lennep eine familientaugliche Tour möglich.

In Opladen endet die Trasse und kurz darauf am Bahnhof Opladen Bf auch unsere Tour.

Wegbeschreibung

Zufahrt von Wuppertal-Oberbarmen bis Remscheid-Lennep (16 km)

1 Start am **S-Bahnhof W-Oberbarmen** Bf S → über den Parkplatz, in den Weg ***rechts*** neben der Schwebebahn-Halle, auf die Wendelschleife und die Fußgängerbrücke (deshalb schieben), die Gleise ***überqueren*** → *Waldeckstr*. ***links***, gleich hinter der Wupper ***rechts*** Rauental → ***rechts*** Rauental / *L58* → ***rechts*** Bockmühle über die Wupper,

2 ***links*** *Lenneper Str.* auf str.begl. Radweg, unter der Eisenbahnbrücke durch → unter der Autobahn hindurch,

3 an **Fußgängerampel** zweite ***links*** Eschensiepen → später Laaken,

4 ***rechts*** bergauf *Laaker Hammer*, kurz darauf nur noch einspurige Straße → Straße heißt dann *Marscheider Bach* → an Gabelung ***links*** → und noch einmal ***links*** jetzt Kleinsporkert → noch einmal ***links*** → erst mäßig und dann steil bergan.

Wegbeschreibung

km

5 Unter der **Autobahn** hindurch → ***links*** in *Grünenplatzstr.* und weiter ***geradeaus*** (sollte die Durchfahrt hier versperrt sein: ***links*** *Luckhauser Str.*, über die Autobahn, ***rechts*** *Herbringhauser Str.*, unter der Autobahn hindurch, ***rechts*** *Beyenburger Str.*) → vorbei am Bf. Remscheid-Lüttringhausen Bf S rechts *Beyenburger Str.* → nächste ***links*** *Düringer Str.* und gleich wieder ***links*** → durch das Wohngebiet → nun *Reinwardtstr.*,

6 am Ende ***links*** *Ritterstr.* → über die **Bahnbrücke** → unter der Autobahn hindurch, danach ***rechts*** Mittelgarschlagen, erst etwas bergab, dann bergan → erneut unter der Eisenbahn hindurch, dann ***links*** → an der Ampelkreuzung ***links*** auf straßenbegleitenden Radweg neben *Lüttringhauser Str.* (schnellere Variante, aber mit mehr Verkehr: bei 6 ***rechts*** auf *Ritterstr.* und ***links*** *Lindenallee* → später *Lüttringhausener Str.* → über die Autobahn) → über die Eisenbahn und direkt danach rechts *Lüttringhausener Str.* → vorbei an Tankstelle und Gartencenter → Linkskurve, dann bergab,

7 ***rechts*** *Gartenstr.*, später *Am Bahnhof* bis zum **Bahnhof Remscheid-Lennep** Bf S.

Wegbeschreibung

Hauptroute Balkantrasse Lennep – Opladen (28 km)

km 0 – 5

❶ Direkt am **Bahnhof** Bf S beginnt die Bahntrasse, auf der man sich schwer verfahren kann – einfach immer weiter folgen bis Bergisch Born mit dem

❷ Abzweig zum **Wasserquintett** (Bahntrassenradweg nach Marienheide): hier weiter ***rechts bzw. geradeaus*** auf der Balkantrasse bleiben → immer weiter auf dieser bis zum

❸ Beginn der Unterbrechung der Balkantrasse in **Wermelskirchen**: ***links*** durch Engstelle → ***links*** auf *Am Wasserturm* → ***rechts*** in *Berliner Straße* → an der zweiten Ampel ***rechts*** in *Thomas-Mann-Str.* → an der nächsten Kreuzung ***links*** in *Thomas-Mann-Str.*, vorbei am Busbahnhof.

Da geht's zur Balkantrasse

Wegbeschreibung

Über den langgezogenen **„Kreis"verkehr** ***geradeaus*** in *Telegrafenstr.* → weiter ***geradeaus*** *Telegrafenstr.*, bis zum Balkan Restaurant und Eiscafé, dort ***links*** auf *Eich*,

4 die *Dabringhausener Str.* ***queren*** → ***rechts*** in *Obere Waldstr.* → ***links*** *Kurze Str.* → ***rechts*** *Schwanen*, später *Grünestr.* bis zur *B51* → an dieser kurz entlang, dann am

5 „Neustart" der **Balkantrasse**: ***links*** ab von der *B51* → der Trasse immer weiter folgen.

Marscheider Bachtal

Wegbeschreibung

km

❻ In **Hilgen** an der Absperrung der Beschilderung folgen: ***rechts/links*** in *Bahnhofstr*. vorbei an Busparkplatz, ***rechts*** und an Ampel ***links*** auf *Kölner Str*. → über die Brücke über die hier nicht befahrbare Bahntrasse, direkt danach ***rechts*** auf nicht asphaltierten Weg bergab bis zum „Neustart" der Balkantrasse (In die entgegengesetzte Richtung nach Remscheid können vor und hinter der Kreuzung *Kölner Straße* die Wege auf der jeweils anderen Seite der nicht befahrbaren Bahntrasse benutzt werden! Also Sportplatzweg statt nicht asphaltiertem Weg gegenüber und *Ziegeleiweg* statt *Bahnhofstr*.) → ab dort immer weiter der Trasse folgen durch Burscheid.

21 ❼ Hier beginnt der **Trassenabschnitt**, der 2014 eröffnet wurde → immer weiter der Trasse folgen bis zum

28 ❽ Ende der **Bahntrasse** → hier weiter auf *Imbacher Weg* bis zur *Dechant-Krey-Str*. → an der Kreuzung ***geradeaus*** in *Pommernstr*. → ***rechts*** in *Stauffenbergstr*. → an der nächsten Kreuzung ***rechts*** und durch Unterführung zum

❾ **Bahnhof Opladen** Bf.

Auf der Balkantrasse zwischen Burscheid und Opladen

Leichlingen
(Rheinland)
Metzholz
Höhscheid
Hilgen
Ober-
wietsche
Bremers-
heide
Stöcken
Groß-
ösinghausen
Witzhelde-
ner Str.
Unter-
wietsche
Paffenlöh
Hildener Str.
127
Junkers-
holz
Diepental
196
Benning-
hausen
Dohm
Blas-
berg
Klein-
ösinghausen
Pattscheid
Burscheider Str.
Nagels-
baum
143
Dünweg
Rothen-
berg
Balken
Haus
Vorst
Neuenkamp
Romberg
Kuchen-
berg
Balkantrasse
Hüscheid
Imbach
Dierath
Burscheid
AS Burscheid
Bergisch
Neukirchen
131
Atzlen-
bach
Groß-
hamberg
Kalten-
herberg
156
Biesen-
bach
Klein-
hamberg
Dürscheid
Wiembach
Sträßchen
169
Schöne
Haus
Landscheid
NaturGut
Ophoven
Quettingen
Aussicht
Ziel
Opladen
Straßerhof
Blecher
Groß-
grimberg
Dhünn
Wupper
E37
51
61
62
15
11
20
25

On the road …

Tour 7
Rund um Remscheid

durchs Morsbachtal und über die Balkantrasse

Diese Tour führt uns rund um die alte Tuchmacherstadt Remscheid. Die Kreativität der Einheimischen wird in den Museen (Tuchmacher, Röntgen, Werkzeuge) besonders deutlich. Zunächst geht es abwärts durch schöne Täler. Am Brückenpark Müngsten treffen wir auf den Bergischen Panorama-Radweg und fahren bis Schloss

Tour 7	Tourinformationen
Start/Ziel	Bahnhof Remscheid-Lennep Bf Ⓢ
Länge/Varianten	35,2 km + Abstecher (3,2 km Deutsches Werkzeug Museum), Bahntrassenanteil 7,5 km / 21%
Ausschilderung	Radnetz NRW, R4a, Bergischer Panorama-Radweg, Panorama-Radweg Balkantrasse
Wegbeschaffenheit	asphaltierte Straßen und Radwege, Waldwege
Steigungen	bis Burg fast nur bergab, auf der Burgtalstraße zu Schloss Burg hinauf 600 m bis 10% (Fußweg neben der Straße!), ab Hünger wieder mäßige Steigung

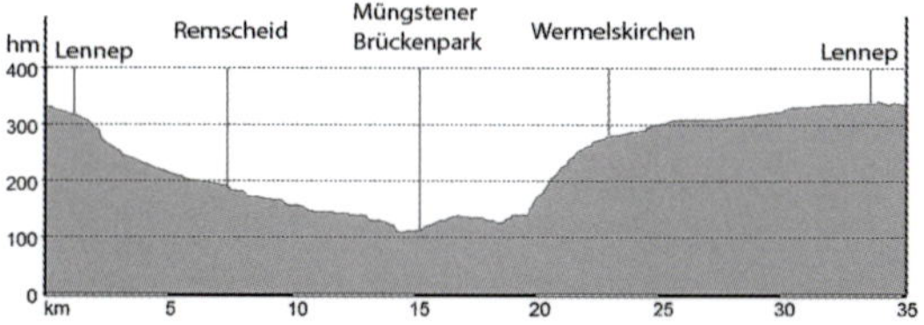

Übersicht

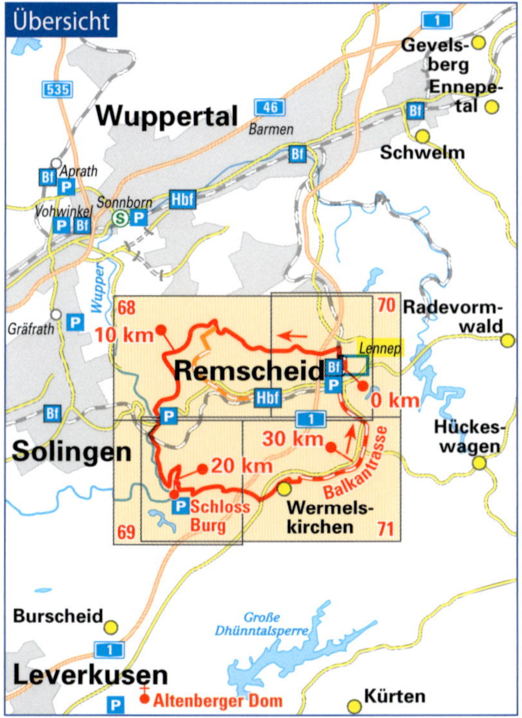

Burg. Hier haben wir die Wahl zwischen steiler Auffahrt (bzw. –stieg) oder Seilbahn! In Wermelskirchen treffen wir schließlich auf den Panorama-Radweg Balkantrasse, der uns eine sehr bequeme Passage zurück nach Lennep verschafft.

***DIE TOUR BEGINNT** am Bahnhof Remscheid-Lennep Bf Ⓢ.*

Remscheid-Lennep

Bereits 1230 wurde Lennep zur Stadt erhoben und war als Mitglied der Hanse eine der bedeutendsten Städte im Bergischen Land. Hier begann die Industrialisierung der Textilindustrie. Heute ist Lennep in die kreisfreie Stadt Remscheid eingemeindet.

Um das Marktgeschehen mitzubekommen und sich etwas für eine abschließende Einkehr umzusehen, ist ein erster Altstadtrundgang vor dem Start durchaus sinnvoll.

1 Altstadt Lennep

Die mittelalterlich wirkende Altstadt von Lennep lädt mit ihren verwinkelten Gassen zu einer Erkundungs-

In der Altstadt von Lennep

tour geradezu ein. Sehenswert ist die **Klosterkirche** am Bongartshof mit dem angeschlossenen Kulturzentrum und der **Klosterschänke**, die einen beschaulichen Biergarten hat. Lohnenswert ist sicher auch der Besuch des **Röntgenmuseums** oberhalb des Marktes. Sowohl das Leben des hier geborenen Physikers als auch das originale Instrumentarium werden anschaulich (und mit Führungen) präsentiert. Museums-Café und -Shop sind öffentlich zugänglich. Das benachbarte **Tuchmuseum** erinnert ergänzend zum Wülfing-Museum in Dahlerau an die Tuchindustrie seit dem 14. Jh. und die Bedeutung für die Region.

*Von der Tuchmacherstadt fahren wir unter den Bogenbrücken der A1 ins anfangs abgelegene Morsbachtal von der Quelle bis zur Mündung in die Wupper. Dabei passieren wir die **Hermannsmühle** und können später einen Abstecher unternehmen zum*

2 Deutschen Werkzeugmuseum

Im Remscheider Werkzeugmuseum wird nicht nur die Geschichte des Werkzeugs von der Steinzeit bis zur Computerzeit mit den kulturellen und sozialen Folgen dargestellt. Mit dem Ausbau in den 90er Jahren finden neben der Herstellung auch die Verwendung und Verbreitung von Hand-, Maschinen- und Elektrowerkzeugen besondere Beachtung. In dieser Dichte ist das einmalig. Das Museum ist Teil des Historischen Zentrums von Remscheid mit dem **„Haus Cleff"** (Fabrikanten-Wohnhaus und Rathaus), bei dem der Rokokostil mit der bergischen Gestaltung in einer gelungenen Weise kombiniert wurde. Im Haus ist die großbürgerliche Einrichtungswelt des 19. Jh. mit einem „einzugsbereiten"

Wohn- und Küchenbereich zu sehen. Zudem widmet sich eine Dauerausstellung dem 1988 verstorbenen sozialkritischen Künstler und Grafiker Gerd Arntz.

Abstecher für Bahntrassenradweg-Fans: ein Stück weiter die Hastener Straße entlang kommt man zum Einstieg der ***Trasse des Werkzeugs****, einer alten Bahntrasse, die wie die Korkenzieher- (Tour 4) und die Sambatrasse (Tour 5) im Zuge der Regionale 2006 zum Radweg umgebaut wurde.*

Die nächsten 6 km auf der Morsbachtalstraße (L216, keine Radwege!) geht es ohne Orientierungsprobleme weiter hinunter zum

❸ Brückenpark Müngsten

Der Brückenpark unterhalb der Müngstener Brücke mit dem rostfarbenen modernen Ausflugslokal Haus Müngsten lockt im Sommer viele Besucher an. Die Wupper mit den Rasenflächen davor bildet mit der hohen Brücke darüber eine ganz besondere Raum- und Lichtsituation. Die bunte Mischung der Menschen steigert die Faszination des Ortes. Wer möchte, kann sich mit zehn Rätselfragen in den Bodenplatten beschäftigen oder auf der Terrasse über der Wupper das Treiben bei Kaffee und Waffeln beobachten – mit Blick auf den neuromanischen Diedrichstempel (Aussichtspavillion).

Die Bemühungen der Wanderer und Radfahrer, mit der ***Schwebefähre*** *aus eigener Muskelkraft an das andere Ufer zu kommen, bieten weitere Unterhaltung. Weiter geht es zunächst unter der*

Haus Müngsten

❹ Müngstener Brücke (siehe Tour 4, S. 42)

hindurch. Als nächstes liegt es dann an uns, den Gästen auf der Terrasse das Schauspiel der eigenhändigen Wupperquerung darzubieten, denn aufgrund des weiteren Wegeverlaufs empfiehlt es sich, genau dies hier zu tun.

❺ Schwebefähre

(1,50 €, bis 18:00 Uhr, siehe Tour 4 S. 43)

Durch das Naturschutzgebiet von europaweiter Bedeutung kann auf den markierten und informativen (Erlebnis-)Wegen direkt an der Wupper das sehenswerte Tal durchfahren werden. Bald gerät Schloss Burg in unser Blickfeld. Unten im Tal gelangen wir zunächst nach

❻ Unterburg

Unterburg hat aus der beengten Lage zwischen der Wupper, dem Eschbach und der Oberburg immer ver-

Seilbahn Burg

sucht das Beste zu machen. Nachdem Schleifereien und Fabriken verschwunden sind, ist der malerische Charakter mit den Gassen und bergischen Fachwerkhäusern ein Standortvorteil für die Gastronomie und kleinen Läden und lockt viele Besucher an. Seit 1952 beginnt hier die **Seilbahn Burg** hinauf zum Schloss, die nicht nur den starken Auf- bzw. Anstieg zu vermeiden hilft, sondern auch einen großartigen Rundblick bei der Fahrt über die Wupper bietet. Eine Seltenheit ist hier an der Brücke die **O-Bus-Drehscheibe** – eine von weltweit vier! Diese wurde zur Wendung der O-Busse in dem engen Tal erforderlich. Ein Oldtimer-O-Bus lässt sich für Feiern mieten. An wenigen Tagen im Jahr kann auch gegen eine kleine Spende bei den RitterTouren von Vohwinkel nach Burg mitgefahren werden.

Wenn die Seilbahn nicht in Frage kommt (da nach 18 Uhr, montags, mit 4,80 € zu teuer, Besitz eines E-Bikes oder Höhenangst), bleibt nur der für Untrainierte durchaus machbare ca. 1 km lange Aufstieg auf dem Fußweg neben der Serpentinen-Straße zur Oberburg:

❼ Schloss Burg (siehe Tour 4, S. 43)

Weiter geht es bis Hünger. In Wermelskirchen treffen wir auf den Panoramaradweg Balkantrasse, der am Ende des Ortes zum Bahntrassenradweg wird.

❽ Balkantrasse (siehe Tour 6, S. 57)

Auf dieser Trasse fahren wir komfortabel und nur mit einer sanften, gut zu bewältigenden Steigung direkt bis zum Bahnhof Lennep Bf Ⓢ.

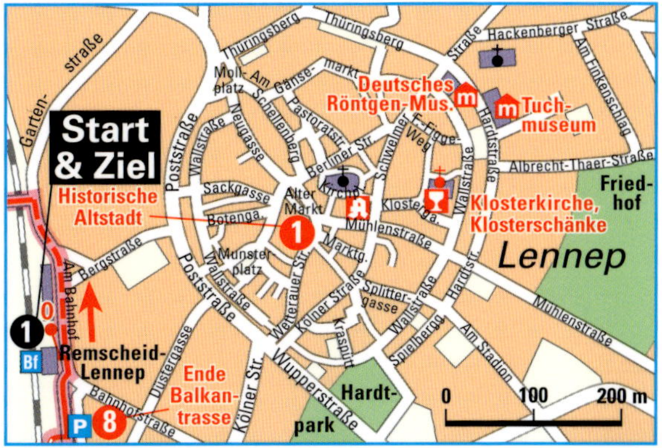

Abstecher Deutsches Werkzeugmuseum (3,2 km)

Am Ende von *Platz* **links** auf *Anton-Küppers-Weg* (NRW-Netz) hoch → weiter **geradeaus** auf *Am Brunnen* hoch → scharf **rechts** auf *Büchelstraße* in Kurven hoch → oben **rechts** in *Kaiser-Wilhelm-Straße* runter bis zur *Hastener Straße* → scharf **rechts** in *Cleffstraße* 2 Deutsches Werkzeugmuseum → **rechts** auf *Cleffstraße* → **rechts** in *Hohenbirker Straße* → *Anton-Küppers-Weg* scharf **links** runter bis zum Ausgangspunkt.

Wegbeschreibung

❶ Vom **Bahnhof Lennep** Bf Ⓢ *Am Bahnhof* ***links*** am Kreisverkehr ➔ *Gartenstraße* weiter bis Unterführung (oder Abstecher ***rechts*** *Bergstr*. zur **1** **Altstadt**) ➔ ***links*** *Schlachthofstraße* hoch ➔ *Westring* ***rechts***,

❷ *Diepmannsbacher Straße* ***links*** (Blick auf *A1*) ➔ unter der A1 Brücke durchs Morsbachtal ➔ schräg ***rechts*** weiter zur **Hermannsmühle**,

❸ vor dem **Fachwerkhaus** ***links*** auf einen Wirtschaftsweg ➔ nach Rechtsknick am Wohnhaus ***links*** zur Siedlung ➔ rechts auf Nüdelshalbach,

❹ *Am Müggenbach* ***rechts*** ➔ ***rechts*** auf dem *Amboßweg* vorbei an der Feuerwehr zur *Haddenbacher (Haupt)Straße*,

❺ bei der **Mündung** mit der *Ronsdorfer Straße* 50 m ***links*** und wieder ***rechts*** auf den *Neuplatzer Weg* parallel zur *L216*,

❻ ***rechts*** weiter auf der *Kratzberger Straße* (oder Abstecher ***links*** hoch auf Platz zum **2** **Deutschen Werkzeugmuseum** m) ➔ am Clemenshammer ***schräg rechts*** zur *L216* über den Morsbach ➔ ***links*** auf der *Morsbachtalstraße* 6 km bleiben,

❼ am Ende bei den **Parkplätzen** kurz ***links*** ➔ über die *Remscheider Straße* und über die Wupper in den *Müngstener Brückenweg* zum Haus Müngsten im **3** **Brückenpark Müngsten** ➔ unter der **4** **Müngstener Brücke** zur **5** **Schwebefähre** (**ACHTUNG**: auf Fährzeiten achten, www.brueckenpark-muengsten.de, Tel. 0212 / 2443685)

❽ für 1,50 € mit der **Fähre** (bis 18 Uhr), sonst (und nur dann) weiter hoch ***rechts*** entlang der Wupper zur **Wiesenkottener Brücke** ➔ nach dieser Brücke für beide Wege weiter auf der *Müngstener Straße* östlich der Wupper bis *Solinger Straße* im Ortsteil **6** **Unterburg**.

Wegbeschreibung

9 Zur **Burg** hoch entweder mit der Seilbahn ***rechts*** zur Talstation (bis 18 Uhr, außer montags) → sonst ***links*** auf der *Eschbachstr*. bis Busstation → ***rechts*** die *Burgtalstraße* hoch bis zum **7** Schloss Burg.

10 *Wermelskirchener Straße* ***links*** hoch → *Talsperrenstraße* schräg ***rechts*** hoch → Rechtskurve im Wald,

11 an der **Wegkreuzung** scharf ***links***, auf der *Hummelsburg* wieder auf die *L157*, jetzt Straße *Neuenflügel* ***rechts*** → oben in Hünger ***rechts***,

12 auf der *Büschhausen* ***links*** wieder zur *L157* → ***rechts*** über die *A1* auf Hünger und Ostringhausen → über Kreisverkehr am McDonalds vorbei auf der *Burger Straße* → vor der Mündung *rechts* in *Viktoriastraße* und ***links*** über die Umgehungsstraße,

13 *Friedrichstraße* ***links*** → *Kurze Straße* ***rechts*** → gleich wieder ***links*** Schwanen (Panorama-Radweg Balkantrasse) und auf Eich weiter nach Wermelskirchen Mitte → An der Eisdiele schräg ***rechts*** *Kölner Str.* → Linkskurve Markt → *Berliner Straße* ***geradeaus***.

14 Auf der *Berliner Straße* weiter ***geradeaus*** → hinter dem Parkplatz der Sparkasse ***links*** Am Wasserturm → vor dem Werkstor ***rechts*** und unter der Fußgängerbrücke ***rechts*** auf die **8** Balkantrasse,

15 an dem Rastplatz mit den Radkarten bei Bergisch Born (Abzweig Bergischer Panorama-Radweg und Alleenradweg Wasserquintett) ***geradeaus*** weiter zum

1 **Bahnhof Lennep** Bf Ⓢ.

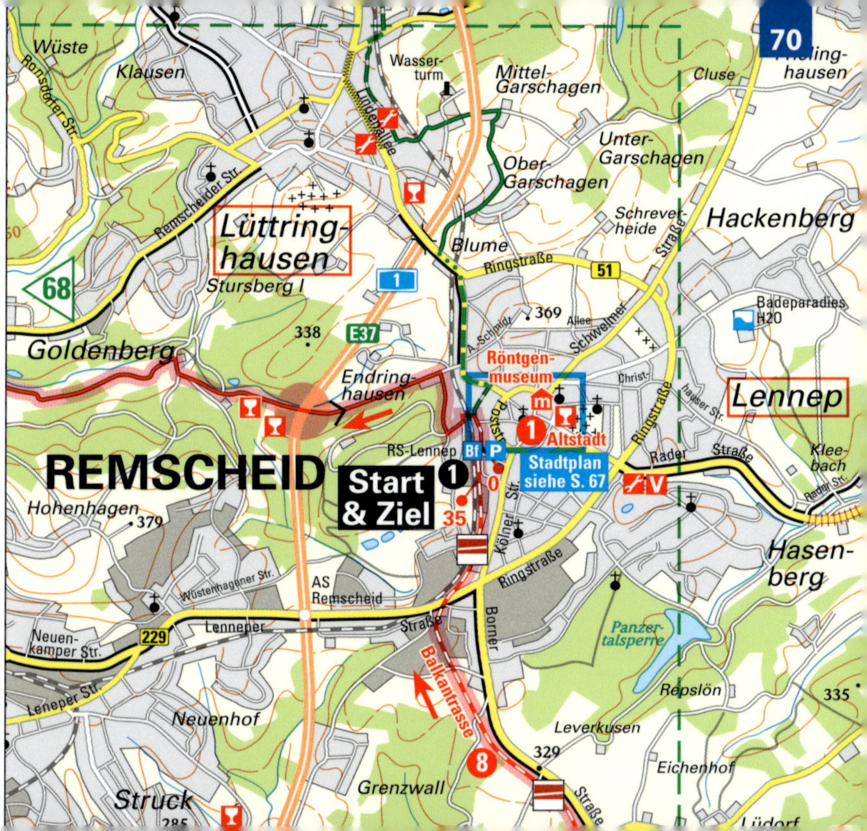

Müngstener Brückenpark
Schwebefähre
Müngstener Brücke
ACHTUNG Fährzeiten prüfen
Küppelstein
Westhausen
Reinshagen
Tyrol
Ehringhausen
Burger Straße
Bliedinghausen
Falkenberg
Großberghausen
Birgden I
Engelsburg
Forsten
Bergisch-Born
Buchholzen
Eschbachtalsperre
Eschbachtal
Aschenberg
Pohlhausen
Sellscheid
Wüstenhof
Bornefeld
Bornbach
Balkantrasse
Alleenradweg Wasserquintett
Burg
Hünger
Wermelskirchen
Buchholzen
Rattenberg
Schloss Burg
Waldschule Solingen
Unterburg
Unterwinkelhausen
Oberwinkelhausen
AS Wermelskirchen
Braunsberg
Eipringhausen
Süppelbach
Scheideweg
Dreibäumen
Well
Sengbachtalsperre
Höhrath
Tente
Herrlinghausen
Ellinghausen
Hinterhufe
Habenichts
Oberrautenbach
Niederrautenbach
Kottberg
Kuhle
Eifgenbach
Eschbach
E37
51
237
69

Die Wupper in Leichlingen

Tour 8
Von Leichlingen nach Wermelskirchen und zurück
über Balkantrasse und Wupper-Radweg

Von der Blütenstadt Leichlingen wagen wir uns in frostige Höhen. Dennoch lässt sich diese Tour gut bewältigen, denn der Großteil der Höhenmeter wird mit sanfter und gleichmäßiger Steigung auf der Balkantrasse gewonnen. Am Beginn und am Ende der Tour können Herrenhäuser besichtigt werden und in einem Sinneswald darf

Tour 8	Tourinformationen
Start/Ziel	Bahnhof Leichlingen Bf
Länge/Varianten	43,4 km + Abstecher (4,4 km Haus Vorst) + Variante Sengbach Talsperre (1 km länger, keine Abfahrt auf der Straße), Bahntrassenanteil 10,3 km / 25%
Ausschilderung	Radnetz NRW, Panorama-Radweg Balkantrasse, Wupper-Radweg
Wegbeschaffenheit	straßenbegleitende Radwege, kleine Nebenstraßen, gut befahrbare Waldwege, 2 km verkehrsreiche Hauptstraße (L291) mit Parkstreifen, asphaltierte Bahntrasse
Steigungen	bis Wermelskirchen 2x und zur Burg 1x kurz über 5%, danach keine größeren Steigungen, zum Haus Vorst und zur Sengbach Talsperre 1x kurz bis 6%

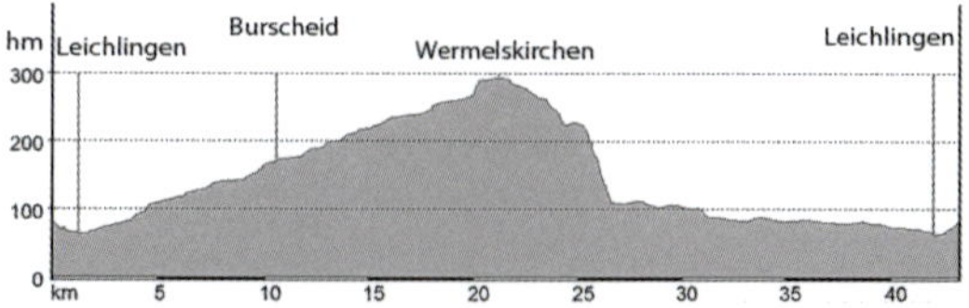

man seine Phantasie anregen lassen. Naturliebhaber kommen besonders im bewaldeten Bereich des Murbachtals, der Sengbach Talsperre und des Wupper-Radweges auf ihre Kosten. Und die Ausflugslokale in Ober- und Unterrüden verführen zu bergischen Leckereien!

DIE TOUR BEGINNT *am Bahnhof Leichlingen* Bf. *Bevor es auf den „Balkan" geht, ist ein Abstecher möglich zum*

❶ Haus Vorst

Auf einem bewaldeten Hügel bei Balken liegt der alte Rittersitz Haus Vorst in einer Wupperschleife. Das neugotische Herrenhaus wurde 30 Jahre nach der französischen Verwüstung errichtet. Das besondere an der Höhenburg ist die neuere Geschichte durch den 1984 hier verstorbenen Maler Werber Peiner, welcher die Burg 1948 erwarb und restaurierte. Er leitete vorher die Hermann-Göring-Meisterschule für Malerei in der Eifel und wurde von Hitler persönlich in die „Gottbegnadeten-Liste" aufgenommen. Der Burghof ist bis 20 Uhr geöffnet. Führungen sind vereinbar.

Weiter oder zurück auf der Hauptstraße kommen wir vorbei am

❷ Erbslöh Denkmal

Das abgelegene Denkmal weist auf den engagierten Luftfahrtpionier Oskar Erbslöh hin, der 1910 nach einer Explosion mit seinem Pralluftschiff bei Pattscheid aufschlug. Alle fünf Insassen an Bord kamen bei dem Probeflug um. Er hatte zwar erst sechs Jahre zuvor mit der Luftschifffahrt begonnen, aber es durch sportliche Wettbewerbe in den USA schon zu Weltruhm gebracht. Das Medienecho war entsprechend groß. Die Blütenstadt Leichlingen wurde danach nicht mehr zum Friedrichshafen für Luftschiffe.

Kurz darauf biegen wir ins zauberhafte Murbachtal ab. Der Eindruck wird noch vollkommener durch den esoterisch anmutenden

❸ Sinneswald 1+2

Bei einer historischen Spinnerei im Murbachtal ist ein Skulpturen-Park von 80 Künstlern aus der Region tagsüber für die Öffentlichkeit frei zugänglich (Spende erwünscht). Die Themen wechseln jährlich. In der Spinnerei gibt es durch den Förderverein SinnesWald auch Konzerte, Kino, Theater und Lesungen. Die vielen Auszeichnungen und Medienberichte belegen die hohe Aufmerksamkeit für diesen spirituellen und landschaftlich reizvollen Ort.

Wir folgen dem Murbach bis zur Talsperre Diepental und biegen an dieser rechts ab zur

❹ Balkantrasse (siehe Tour 6, S. 57)

Nachdem wir 15 km gemütlich „Höhe gemacht" haben, ist Schloss Burg nur noch 1 km entfernt. Während dieses bereits mit den Touren 4 und 7 angefahren werden kann, ist bei dieser Tour eine Alternative über gut befahrbare Waldwege möglich. Diese Variante bietet fantastische Ausblicke auf Schloss Burg und geht ohne Verkehr vorbei an der

❺ Sengbach Talsperre

Das waldreiche Sengbachtal mit der Talsperre zählt zu den beliebtesten Ausflugsorten. Der Abstieg zur imposanten 43 m hohen bogenförmigen Staumauer mit dem Blick auf den Stausee ist lohnenswert. Sie wurde bereits 1903 von dem Wegbereiter Otto Intze nach seinem Prinzip gebaut.

150 m tiefer folgen wir dem schönen

6 Wupper-Radweg

Dieser verläuft auf einer 46 km langen Strecke von Wuppertal-Sonnborn bis zur Wuppermündung. Auf dieser Tour werden die schönsten 13 km an der unteren Wupper von Burg bis Leichlingen befahren. Ein vorwiegend unbefestigter Radweg schlängelt sich lange an den bewaldeten Hängen mit wunderbaren Perspektiven am Fluss entlang. Bei den Fachwerkdörfern Ober- und Unterrüden gibt es einige gute bergische Restaurants mit Biergärten zur Auswahl.

Zurück in Leichlingen kommen wir kurz vorm Ziel noch vorbei an

7 Schloss Eicherhof

Im heutigen Schloss Eicherhof finden neben Hochzeiten, Feiern und Tagungen etwa monatlich klassische Konzerte, Lesungen oder kleine Theateraufführungen statt. Das um 1762 als eine Art „Maison de plaisance" von einem Kölner Bankier (Münzhammer) erbaute Herrenhaus hat mit einem seitlich eingefassten Vorplatz einen sehr repräsentativen Charakter.

8 Villa Weyermann

Die Villa steht nicht nur räumlich in enger Beziehung mit dem Schloss Eicherhof. Dieses 1877 entstandene Gebäude ging an die Enkelin von Wülfing und war am Eicherhofpark Teil eines Villenensembles. Die Türkischrot-Färberei des Ehemanns Rudolf Weyermann war damals der größte Arbeitgeber in Leichlingen. Die übrig gebliebene Villa steht nach verschiedenen Nutzungen (u.a. als Hotel) nun als Bürgerhaus Vereinen, Familien, Kursteilnehmern und anderen zur Verfügung.

An der Wupper

Weiter geht es zur Wupperbrücke, über die wir schon einmal gefahren sind, und von da zurück zum Bahnhof Leichlingen Bf.

Wegbeschreibung

km

❶ Start am **Bf. Leichlingen** Bf → *Hochstr.* in Richtung Ort, dann *Uferstr.* bis zum Ende → über die Wupperbrücke und im Kreisverkehr ***rechts*** auf *Neukirchener Str.* → über Kreisverkehr am Stadtpark weiter ***geradeaus*** am Kaufpark vorbei nach **Balken**.

1

❷ Beim nächsten **Kreisverkehr**

möglicher Abstecher ***rechts*** zum **1 Haus Vorst** auf der linken Seite der *Opladener Straße* →

sonst ***geradeaus*** auf *Oskar-Erbslöh-Straße* → 400 m weiter auf gegenüberliegender Straßenseite am Waldrand ist das **2 Erbslöh Denkmal**.

❸ Am **Ortseingang** von **Balken *links*** in Straße *Balken* → vor Lokal „Zur Kutsche" ***links*** *Am Murbach* hoch an Fachwerkhäusern vorbei → zum **3 Sinneswald 1** am Steinbruch beim Parkplatz und 150 m weiter zum **3 Sinneswald 2** kurz hinter der Spinnerei → oben an der Straße ***rechts*** zur Ausflugsgaststätte „Wietscher Mühle" → am Parkplatz ***links*** auf Waldweg durch das schöne Murbachtal.

5

❹ Am Ende des **Murbachtals** Diepental ***rechts*** zur Diepentalsperre → hinter der Brücke über den Murbach scharf ***links*** in Rosenthal → ***rechts*** bleibend hochfahren

Wegbeschreibung

km

am **Sportplatz** schräg ***rechts*** auf den *Ziegeleiweg*, die *Kölner Straße (B 51)* ***überqueren*** (besser zu fahren: erst ***links*** *Sportplatzweg*, dann ***rechts*** *Kölner Str.* über die Trasse und dann ***links*** in *Ziegeleiweg*),

14 **7** nach 300 m ***links*** wieder auf die **Balkantrasse** → Waffelhütte (WC) → am Wald ***geradeaus*** weiter auf der Trasse unter einer Brücke bis zur *Dellmannstraße*,

8 nach 50 m ***rechts*** in *Grünestraße* und Schwanen hoch → oben ***links*** *Kurze Straße* → halb versetzt ***rechts*** in *Obere Waldstraße* über die *B 51* → direkt danach ***links*** in den Radweg *Obere Waldstraße* → am Ende *Im Winkel* ***links***.

9 *Burger Straße* am **Stoppschild** ***rechts*** → am Kreisverkehr bei McDonalds Richtung Solingen Burg → Ostringhausen und Hünger ***geradeaus*** über *A 1*,

20 **10** schräg ***links*** zur **Sengbachtalsperre** auf Büschhausen (Aussicht!), Stolzenberg und Unterwinkelhausen bis zur T-Kreuzung → Abzweig für die Variante zur **5 Sengbach Talsperre** ***links*** (s. Kasten S. 78).

Wegbeschreibung

an der Staustufe weiter ***geradeaus*** an der Talsperre linker Hand ➔ *Diepentaler Straße* ***rechts*** hochfahren.

5 Oben an der *Burscheider Straße (L 291)* ***links*** ➔ gleich wieder ***rechts***, über **Balkantrasse** und ***rechts*** die Rampe herunter zur Trasse, auf diese ***rechts***,

6 weiter auf der **4** Balkantrasse für 5,4 km fahren ➔ am Burscheider Bad (Cafeteria) vorbei, (weiterlesen auf S. 76 oben)

Brücke im Zuge der Balkantrasse

Wegbeschreibung

km

11 Für die Haupttour ***rechts*** Hummelsburg stark bergan → schräg ***rechts*** *Talsperrenstraße* → am Ende ***links*** auf *Wermelskirchener Straße* zur **Burg** → *Burgtalstraße* bis zur Rechtskurve.

12 Hier entweder *Steinweg* und *Schlossbergstraße* hinunter schieben (17 %) oder die *Burgtalstraße* runterfahren (kein Radweg – gefährlich!) und ***links*** *Eschbachstraße* zur Unterburg (Seilbahn optional).

24

13 An der **Brücke** über die Wupper an der O-Bus- Drehscheibe und Seilbahn Talstation vorbei in *Hasencleverstraße* → auf einem Waldweg auf den 6 Wupper-Radweg → ***links*** über die Bohlenbrücke über die Wupper am Tierheim Glüder (preiswerte Schänke mit Waffeln) → und ***rechts*** am Wasserwerk vorbei.

14 *Glüder Straße* ***rechts*** wieder über die Wupper am Haus Glüder und dem Campingplatz vorbei → *Balkhauser Weg* weiter (Balkhauser Kotten).

15 In **Balkhausen** ***links*** Straße *Balkhausen* → gerade in den Wald an der Wupper lang → ***rechts*** beim Stein 747 am Waldrand wieder zur Wupper → am Parkplatz Landhaus Wupperhof kurz auf den *Odenthaler Weg (L 427)* ***rechts*** hoch.

16 150 m ***links*** **Wüstenhof** nach Leichlingen (9,4 km) durch den Wald → Oberrüden und Unterrüden mit hübschen Fachwerkhäusern.

km

34

17 Am **Haus Rüden** ***links*** in Unterrüden (Schutzhütte mit Tafel zum Obstweg Solingen) über die Wupper → am **Haus Fähr** ***rechts*** in Rödel → durch den Wald auf einem Forstweg links der Wupper → am Feld an einer Wegkreuzung ***rechts*** → in Linkskurve am Wohnhaus an der Wupper lang → auf der anderen Seite ist die **Schleiferei** und das **Museum Wipperkotten** → Das **Gut Nesselrath** liegt links.

18 Auf dem Radweg der Straße Gut Nesselrath links → *Am Hammer* weiter.

19 Kurz nach **Unterberg** am freien Feld ***rechts*** zum 7 Schloss Eicherhof und am Eicherhofpark vorbei zur 8 Villa Weyermann → ***rechts*** in *Am Hammer*, später *Marktstraße*,

40

20 im **Kreisverkehr** ***rechts*** auf Wupperbrücke → zweite ***rechts*** auf *Uferstr*.

1 zurück zum **Bahnhof Leichlingen** Bf.

km **Variante Sengbachtalsperre (5,7km)**

11 An der Mündung in **Unterwinkelhausen** ***links*** → nach Rechtskurve bis **Höhrath**

12 Am Lokal Kartoffelkiste ***links*** kurz hoch in **Höhrath** → weiter auf Forstweg in den Wald auf *Thomasweg* → nach Rechtsschleife am Damm der 5 Sengbach Talsperre am **Stausee** entlang → ***links*** weiter auf *Haamannweg* → hoch zum *Höhrather Weg*

13 ***links*** an der **Biologischen Station Waldschule** vorbei (Blick auf die Burg!) → nach Rechtsknick und scharfer Linkskurve runter zum Wasserwerk an der Wupper und zurück auf die Hauptroute

Schloss Burg

Neuenhaus
Löhdorfer Str.
Neuen-kamper
Aufderhöher Str.
229
Oben-höhscheid
Berger Straße
Mittel-höhscheid
Elsterbusch
Bünkenberg
Sattelsberg 207
Odentaler W.
Scharf-hausen
Burger Landstr.
Jagen-berg
Westhauser Str.
Eschbachstr.
Eschbach
Untenhöhscheid
Widdert
Vockert
Odental
Hästen
Burg
Kohlsberg
Wüstenhof
Pfaffenberg
Umleitung Schiebestrecke
Wupperradweg
6
Leichlinger Str.
Löhdorf
Vormeis-winkel
Wipperhof
16
15
Balkhausen
Geologischer Lehrpfad
Solin-ger Str.
13
12
18
Wippe
Hinten-meiswinkel
30
Wupper
Balkhauser Kotten
(NFH)
Schloss Burg
4
Gosse
Wipperaue
Hohenpuhler W.
Wipperkotten
Unten-rüden
Oben-rüden
17
182
Waldschule Solingen
Hasencleverstr.
Unterburg
11
Unter-winkelhausen
18
Nesselrath
Leysiefen
Wolfstall
14
25
13
Höhrather W.
Opladener Str.
Horn
Friedrichs-tal
Untenrüden
Obenrüden
Orth
5
Sengbach-talsperre
Höhrath
12
Wupper
Wupperradweg
6
Kradenpuhl
165
35
Rödel
Herscheid
Herscheid
Flamerscheid
Solinger Str.
Ziegwebers-berg
Bennert
Kempen
Ober-büscherhof
Brach-hausen
76
E37
Dierath
Schloss Eicherhof
Unter-berg
Grünscheid
Hauptstraße
Kuhle
7
19
Start & Ziel
Bergerhof
Unter-büscherhof
Krähwinkel
Groß-bruch
90
Leichlinger Str.
Krähwinkeler W.
214
1
40
8
Villa Weyermann
Witzhelden
Bf
Leichlingen (Rheinland)
Wilhelmstal
Krähwinkel
Burscheider Str.
1
0
20
Krabbenhäuschen
Höhscheid
75
Bremers-heide
Metzholz
Ober-wietsche
Wiers-bachtal
Hilgen

Aussicht über Felder und Wälder

Tour 9
Rund um die Große-Dhünn-Talsperre

Von Altenberg zu Balkantrasse und Alleenradweg Wasserquintett und von Wipperfürth wieder zurück

Die Dhünn teilte einmal streng die Konfessionen, heute vereinigt sie die Urlauber aus Nah und Fern. Besonders die Variante durch das Dhünntal und über den neu angelegten Talsperrenweg mit informativen Tafeln zur Landschaft

Tour 9	Tourinformationen
Start/Ziel	Altenberg, Parkplatz Hotel Wißkirchen; für Bahnfahrer Bahnhof Remscheid-Lennep Bf Ⓢ
Länge/Varianten	68 km, Varianten: Bever- + Neye-Talsperre (6 km länger), Dhünntal (2 km kürzer), Bahntrassenanteil 21,3 km / 31%
Ausschilderung	Radnetz NRW, Panorama-Radweg Balkantrasse, Bergischer Panorama-Radweg, Alleenradweg Wasserquintett, Kirchdorfradweg Wipperfürth Route 1
Wegbeschaffenheit	kleinere Straßen, straßenbegleitende Radwege, asphaltierte Bahntrassen, Waldwege
Steigungen	eine Serpentine (1,2 km) zu Beginn mit bis zu 10 %, kontinuierlich bis Wermelskirchen, nach Kürten und vor Bechen größere (bis 8,5 %) aber kurze (<500 m) Steigungen

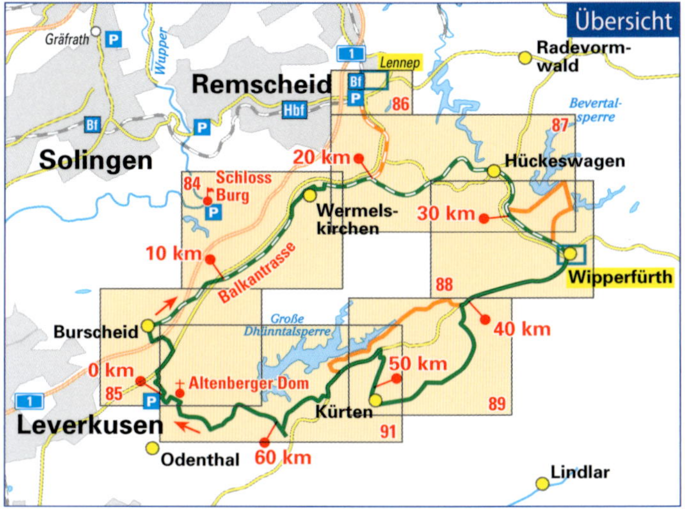

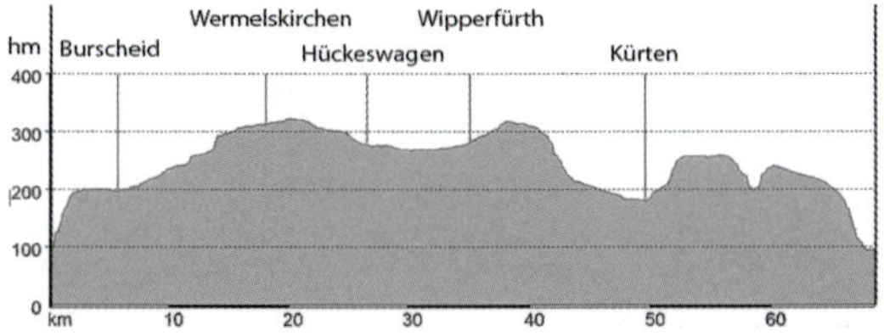

und heimischen Kultur lässt den Wunsch nach weiteren Pilgerfahrten zum Altenberger Dom entstehen. Um alle beschriebenen Abstecher und Sehenswürdigkeiten in Ruhe zu betrachten, ist allerdings mehr als eine Runde erforderlich!

***DIE TOUR BEGINNT** am Parkplatz des Hotels Wißkirchen beim Altenberger Dom. Zur Buße der Sünden ist mit der steilen Serpentine am Porzberg gleich eine kleine Schikane vorgesehen. Diese kann aber zur Not auf dem Gehweg sicher hoch geschoben und das Dhünntal dadurch schnell Richtung Burscheid verlassen werden. Dort fahren wir vorbei am*

❶ Wallace-Brunnen

Eine kleine Besonderheit Burscheids ist dieser Brunnen vor der Kreissparkasse. Das große Modell aus Gusseisen mit den vier Karyatiden (nicht Musen, sondern Tugenden symbolisierend) ist das einzige seiner Art in Deutschland. Diese weltweit zu findenden pittoresken Trinkwasserbrunnen kommen ursprünglich aus Paris, wo im Sommer noch über hundert den Durst von Touristen löschen.

Mit genügend Trinkwasser versehen kommen wir in Burscheid auf die

❷ Balkantrasse

(siehe Tour 6, S. 57)

Dieser folgen wir genussvoll ohne Stau und Drängler bis nach Bergisch Born und nehmen dort den Abzweig nach rechts auf den

❸ Alleenradweg Wasserquintett

Der letzte Abschnitt des Alleenradweges von Bergisch Born bis Marienheide verläuft auf der Trasse der ehemaligen Wippertalbahn (erbaut von 1876-1907) und wurde 2012 eröffnet. Als Teil des Bergischen Panorama-Radweges führt der Weg direkt am Oberlauf der Wupper, genannt Wipper, an fünf Talsperren entlang – daher der Name Wasserquintett.

Staumauer Bevertalsperre

Vorbei an der Wuppertalsperre kommen wir nach Hückeswagen mit der

❹ Altstadt Hückeswagen

Die komplett unter Denkmalschutz stehende Altstadt kann in einem Rundgang (s. Tafel am Brunnenplatz Bahnhofstraße / Islandstraße) erkundet werden. Dominant ist das **Schloss** mit dem Schelmenturm aus dem Jahr 1189 auf einem Bergsporn oberhalb der Wupper. In diesem ist das **Heimatmuseum** mit Räumen zu Werkzeugen, bergischer Wohnkultur, Schriften, Waffen und Kirchenschätzen in zwei Etagen untergebracht (So 11-13 Uhr, 1. Sa 14:30-16:30 Uhr, Eintritt frei). Ein sehr beliebtes Bildmotiv sind der **Schlosspark** mit Rosengarten und Gartenpavillon sowie die Bürgerhäuser in der **Marktstraße** mit Blick auf die Pauluskirche. Am zweiten Septemberwochenende kommen viele Besucher zum Altstadtfest mit Musik, Bauchtanz, Gauklern und Delikatessen u.a. aus der Partnerstadt Etaples sur Mer an den Ständen.

Danach geht es auf der alten Bahntrasse direkt nach Wipperfürth. Hier verlässt unsere Tour die Bahntrasse. Zu empfehlen ist ein kleiner Abstecher zum

❺ Marktplatz Wipperfürth

Marktplatz Wipperfürth

Vom Marktplatz aus kann man die geschichtliche Entwicklung der ältesten bergischen Stadt mit etwas Hintergrundwissen begreifen. Das Alte Stadthaus von 1780 mit dem sitzenden Mädchen auf dem Brunnen (kein Trinkwasser!) wurde nach dem Brand von 1795 als Gerichtsgebäude und Bürgermeistersitz genutzt. Heute ist es nach der Restaurierung ein Bürgerhaus. Neben dem Marktbrunnen (1331) und vor dem Ratskeller steht die Figur vom Stadtpatron Erzbischof Engelbert I. Nach 1225 erhielt Wipperfürth vom Grafen von Berg (daher der Name „Bergisches Land") die Stadtrechte (Privileg der Münzprägung und Steuerbefreiung). In der Hansestadt wurden ab 1275 Pfennige und ab 1328 die ersten Groschen auf deutschem Gebiet geschlagen. Daran erinnert das Münzschlägerdenkmal bei der neugotischen weißen Kirche am anderen Ende des Marktplatzes. Neben dem HANSECAFE öffnet eine Gasse den Blick vom Markt auf die Pfarrkirche St. Nikolaus. Diese wurde um 1140 erbaut und ist somit das älteste Bauwerk der

Stadt und bedeutendster romanischer Kirchenbau im Bergischen Land.

Die Marktstraße mit den kleinen Läden verführt auf dem Rückweg nach einer Stärkung noch zum Bummeln.

Zur Halbzeit der Tour hat es hoffentlich eine Einkehr zur Akkuaufladung (kcal + evtl. Watt) gegeben, bevor wir uns der größten Trinkwassertalsperre im Westen nähern. Von der B506 erfreut uns bereits die Aussicht weit ins Bergische Land. Darauf ginge es zwar schnell zurück, aber wir möchten doch lieber links oder rechts noch was erleben, oder?

6 Bechener Esel

Mitten in Bechen am Kreisverkehr an der Kölner Straße steht ein Eselsdenkmal. Es wurde zum Wahrzeichen ernannt und ist überall als Maskottchen (z.B. beim Karnevalsverein) beliebt. Warum es zu der Bezeichnung „Eselsdorf" für Bechen kam ist umstritten. Die Standarderklärung ist die Geschichte mit den Bauern, die ihre Waren nicht wie die Nachbarorte mit Pferden, sondern mit Eseln zum Markt nach Köln brachten. Wegen der störrischen Tiere kamen sie regelmäßig zu spät, was zu dem kölschen Spruch führte: „mit dem Koofe noch jet ze waade,

Auf dem Alleenradweg Wasserquintett

weil die Bechener noch nit do sinn". Die wahrscheinlich richtige Herkunft ist aber die verbürgte störrische Art der Bechener bei dem Versuch, möglichst wenig Frondienst für das Altenberger Kloster zu leisten (stur wie ein Esel). Der humorvolle Umgang mit dem Image macht die Einheimischen jedenfalls sympathisch.

Aber, von nun an ging´s bergab - auf kleinen Straßen (Durch Feld und Wald zu schweifen, .. - Der Musensohn, J.W.v.Goethe).

7 Küchenhof Altenberg

Ein etwas versteckter Ort innerhalb des Immunitätsbezirks des Altenberger Doms ist der idyllische Küchenhof neben der Markuskapelle. Der Aktionskreis Altenberg e.V. ist hier im Bereich Kunst, Kultur und Denkmalpflege seit 30 Jahren aktiv. Seine Einrichtungen sind u.a. die **Küchenhof-Gaststätte** (lecker Waffeln!) mit einem wunderbaren Biergarten im Hof, ein **Atelier** für Schmuck, ein **Pilgersaal** für Veranstaltungen, das **Lapidarium** mit Informationstafeln zum romanischen und gotischen Baustil in zwei gläsernen Pavillons und der **Kräutergarten** an einem Klosterteich. Das Hotel Altenberger Hof betreibt dafür eine durch Markisen geschützte Sommerterrasse mit musikalischer Untermalung und einem imposanten Blick auf die ehemalige Klosterkirche.

8 Altenberger Dom ✝

Die Geschichte des Doms reicht bis ins Jahr 1133 zurück. U.a. wurde er als Grablege der Grafen von Berg genutzt. Domführungen werden am Wochenende angeboten. Im Domladen und im Onlineshop sind Bücher, Musik und allerlei Devotionalien erhältlich.

Der krönende Abschluss der Tour kann an diesem Ort bestens gelingen. Für das leibliche Wohl ist gesorgt, für die geistige Nahrung steht auch reichlich zur Verfügung.

Wegbeschreibung

km

14

❺ Schräg ***links*** auf den **Parkplatz** zum sonntäglichen **Oldtimer Treffen** (11-13 Uhr) ➔ am Parkplatzende weiter auf der Balkantrasse ➔ Waffelhütte (WC) ➔ am Wald ***geradeaus*** weiter auf der Trasse unter einer Brücke bis zur *Dellmannstraße* ➔ 50 m darauf.

❻ Am **Fahrzeughaus *rechts*** in *Grünestraße* ➔ weiter *Schwanenstraße* ➔ Eich ➔ über große Kreuzung mit *Dabringhauser Straße* ➔ hinter Kreisverkehr beim Eiscafé Venezia schräg ***rechts*** *Kölner Str.* ➔ Linkskurve **Markt** ➔ *Berliner Straße* ***geradeaus*** ➔ hinter Parkplatz der Sparkasse ***links*** *Am Wasserturm* ➔ an Fußgängerbrücke ***rechts*** auf die ❷ **Balkantrasse** parallel zur *B51* ➔ bis zur … (weiterlesen auf S. 86)

Umleitung der Balkantrasse in Wermelskirchen

Wegbeschreibung

km

❶ Vom **Parkplatz** des **Hotels Wißkirchen** *Am Rösberg* zur *Hauptstraße* → ***links*** Richtung Burscheid die Serpentine hoch → am Kreisverkehr in Blecher ***geradeaus***,

❷ oben **in Eichenplätzchen *rechts*** auf die *Kölner Straße (B51)* → am hübschen Restaurant **Schmuck Kastl** vorbei → hinter Oberlandscheid ***links*** in Löhsiedlung über die *A1* → von der *Altenberger Straße* ***rechts*** 100 m in *Rat-Deycks-Straße* → ***links*** in *Höhestraße (L291)*,

5

❸ über die *Hauptstraße* zum **1 Wallace-Brunnen** auf dem Vorplatz der Kreissparkasse → auf *Friedrich-Goetze-Straße* weiter und ***links*** in die *Bismarckstraße* → unten ***rechts*** auf die

❹ **2 Balkantrasse** in Richtung Wermelskirchen → über die *A1* → Bei der Siedlung ***rechts*** hoch → über die *Kölner Straße* → 300 m weiter auf dem *Ziegelweg*. (weiterlesen auf S. 84 oben)

Wegbeschreibung

km

❼ Verknüpfung mit dem ❸ Alleenradweg Wasserquintett (Bergisch Born – Marienheide) an dem **Rastplatz** mit der Hinweistafel: hier ***rechts*** Richtung Hückeswagen → nach 5,7 km schöner Blick auf die Wupper-Vorsperre → in Hückeswagen bis zum

27 ❽ Kreisverkehr **Bergischer Kreisel**, hinter der dritten Ausfahrt setzt sich die Bahntrasse fort (links der *B237*).

Abstecher zur Altstadt (2 km)

❽ **Zweite Ausfahrt** kurz auf *Rader Straße* → ***links*** in *Bahnhofstraße* an Bushaltestelle vorbei → vor der Kreuzung ***rechts*** in *Islandstraße*, an dem **Platz mit Brunnen** und Hinweistafel zum Abstecher ❹ Altstadt Hückeswagen *Islandstraße*

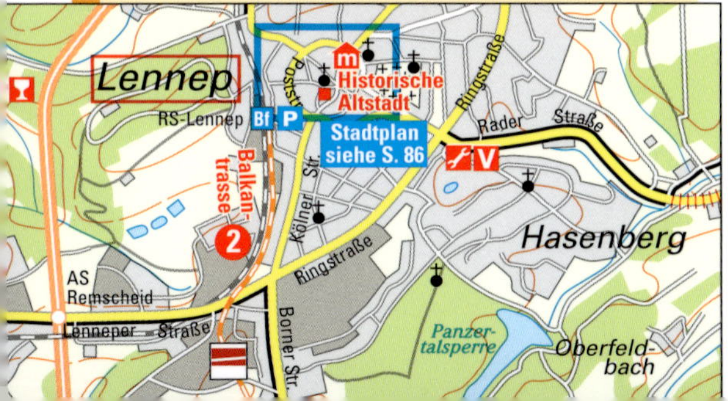

km

rechts hoch → an der *Marktstraße* mit den Bürgerhäusern ***rechts*** zum Schloss → ***zurück*** über *Marktstraße* → kurz *Kölner Straße* → ***links*** *Schmittweg* → *Goethestraße* ***links*** runter → ***geradeaus*** *Etapler Platz*, am Ende durch den Kreisverkehr ***links*** und dahinter ***rechts*** auf die Bahntrasse.

29 ❾ Der **Bahntrasse** weiter folgen → am Ende kurz ***rechts*** und ***links*** in die *Bahnstraße* am Lokal Bergischer Löwe vorbei über die Wupper und über den Kreisverkehr bis zur *Hochstraße*.

Variante Bevertal - Neyetalsperre
(9,5 km, ersetzt 3,5 km der Hauptroute)

❾ Auf der *Bevertalstraße* linksseitig ***geradeaus*** → am **Restaurant Kleineichen** und dem Beverteich vorbei → am Ende des Radstreifens ***links*** in *Reinshagensberver Weg* parallel zur Bever → zum Fuß der Staumauer mit Infotafeln → an der Barriere schräg ***rechts*** steil hoch an Obstbäumen und Schafen vorbei zur Staumauer,

⑩ oben (***links*** 0,5 km zum Ausflugslokal **Zornige Ameise** am Freibad) ***rechts*** über Staumauerkrone → auf der *Bevertalstraße* ***links*** am Bikertreff mit Kiosk (DIXI WC) und Eiswagen im Sommer vorbei am Stausee auf *Großberghauser Straße*,

⑪ oben scharf ***rechts*** nach **Wipperfürth** auf Oberröttenscheid runter → am Parkplatz ***links*** bei Infotafel (Buchenwälder)

km

→ nach 50 m ***links*** (Fahrradpfeil, *Straße der Arbeit, Bergischer Panorama Steig, Wanderweg 6*) durch den Wald runter zur Neyetalsperre,

⑫ unten am **Verbindungsstollen *rechts*** auf Uferweg entlang des Sees zur Staumauer → danach weiter mit Rechtskurve,

⑬ vor der **Schutzhütte *links*** und nochmal ***links*** auf *Heimatweg Nr. 3* am Schlagbaum vorbei runter durch den Wald und das Tal der Neye → am Teich von Klitzhaufe auf der *Neyetal Straße* ***geradeaus*** → nach 1 km auf *Egenerstraße* ***links*** → nach 200 m wieder auf die Bahntrasse nach Wipperfürth.

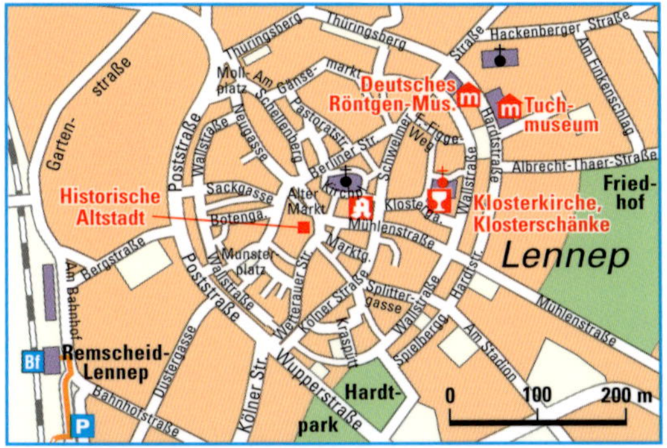

Repslön
335
Leverkusen
329
Bomber
51
Balkantrasse
Straße
Dörpholz
Eichenhof
Dürhagen
317
Wuppertal-sperre
Mitberg
Karrenstein
Neuenherweg
483
Herweg
340
Leven-hausen
Heinhausen
Stoote
Grenzwall
Lüdorf
Birgden I
Hangberg
Linde
Bever-
Engelsburg
Forsten
273
Born
Bergisch-Born
Buchholzen
Eschbach-talsperre
Engelshagen
Hückeswagen
Hasenburg
Kleinhöhfeld
tal-
300
Braßhagen
326
25
Micken-hagen
Bornefelder
237
Str.
20
Bergisch-
Bornefeld
Pixwaag
Wüstenhof
Wiehagen
Altstadt
Wefelsen
Wiehagener Str.
A.-Lutgenau-Str.
Peterstr.
Fuhr
höhe
Neuen-
Balkantrasse
Bornbach
15
Alleenradweg Wasserquintett
sperre
296
Wermelskirchen
Winter-hagen
318
Hart-kopsbever
Ober-rötten-scheid
345
Rattenberg
357
Kobes-hofen
Buchholzen
333
Großen-scheidt
Elber-hausen
Süppel-bach
Scheide-weg
Drei-bäumen
Eipring-hausen
Well
Röttgen
Mühlen-berg
Heide
307
Klitzha
Alleenradweg Wasserquintett

Wegbeschreibung

km	
	10 ***Rechts*** zum Kölner-Tor-Platz.
	Abstecher zum Marktplatz Wipperfürth (1 km)
35	**10** ***Links*** hoch zum **5** Marktplatz Wipperfürth → auf der Straße *Marktplatz* zur *Untere Straße* ***links*** → ***rechts*** durch die Gasse zur *Pfarrkirche St. Nikolaus* → auf *Untere Straße* weiter → (kurze Runde links auf der *Marktstraße*) und zurück zu **10**.
	11 ***Links*** auf die *Gladbacher Straße (B 506)* → weiter darauf über Klingsiepen und Kluse hoch.

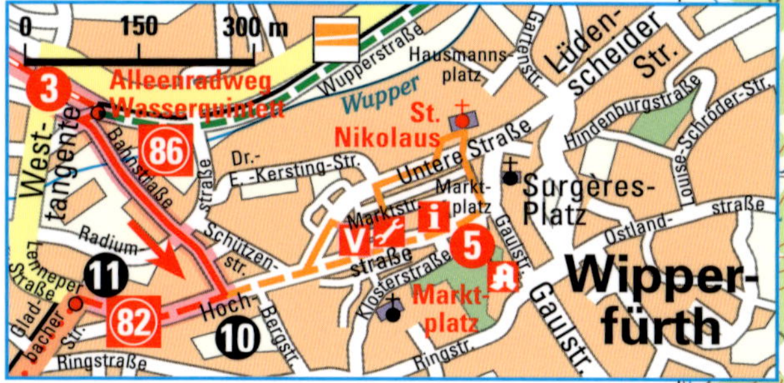

Wegbeschreibung

km

⓬ ***Links*** runter in die *Dorfstraße* → in **Wipperfeld** an der Kirche Linkskurve → am **Haus Hembach** vorbei → auf Julsiefen weiter durchs Tal.

Variante Dhünntal (2 km kürzer)

40 ⓬ Von der *B506* bei **Lamsfuß *rechts*** runter zur Dhünntalsperre Richtung Boxberg durch den Wald,

⓭ unten an dem Bach **Große Dhünn *links*** weiter in *Wanderweg (A4)* Richtung Neumühle → nach 300 m Bank mit fallendem Quellwasser aus einem Rohr → weiter durchs schöne Dhünntal zum **Fachwerkhaus Neumühle,**

⓮ ***rechts*** über die **Dhünn** → ***links*** auf der Straße am Wanderparkplatz Neumühle vorbei bis zur *L409* (Tafel) → ***links*** zum Einstieg Talsperrenweg nach 300 m mit Kartenwürfel …

(Fortsetzung S. 90)

44 ⓭ Auf der *Wipperfürther Straße* ***rechts*** Richtung **Kürten** entlang der Kürtner Sülz → hinter dem Kreisverkehr noch 200 m bis zur Kreissparkasse.

Wegbeschreibung

km

Fortsetzung Variante Dhünntal

15 … den **Waldweg** ***links*** hoch (300 m unbefestigt) → an der Bank scharf ***rechts*** hoch → ***überqueren*** der *L409* → in Kurven runter immer parallel zur Vorsperre bis zum Mitteldamm über den wunderbaren *Talsperrenweg*,

16 ein **Abstecher** steil runter zur **Talsperre** lohnt sich → sonst ***links*** hoch nach Hutsherweg → ***rechts*** auf der *B506* zum Landgasthof Dhünntal 16.

14 Auf der *Wermelskirchener Straße* ***rechts*** hoch → bei Gabelung auf Esbach ***rechts*** (NRW Radnetz) hoch an Koppel ***rechts*** mit Lamas vorbei → durch **Waldstück** hoch bis Schmitte an der *Kölner Straße (B 506)*,

52 15 ***links*** Richtung **Köln** an Weiden mit der Kapelle an der Straße vorbei → bis zum **Landgasthof Dhünntal**,

16 kurz ***rechts*** zurück auf *Königsspitzer Straße* → nach 50 m ***links*** in *Richerzhagener Straße* → runter zum **Wasserwerk** der Dhünntalsperre → auf der *Mühlenstraße* hoch nach Bechen,

17 ***links*** auf *Altenberger Straße* kleiner Abstecher zum 6 Bechener Esel (300 m) am Kreisverkehr → auf der *Altenbergerstraße* zurück nach Neschen,

18 vor der modernen **Kirche Sankt Michael** ***links*** in die *Scheurener Straße* → nach Scheuren bis zum Parkplatz im Wald mit einer Wanderkarte des Odenthals,

64 19 ***rechts*** in den Waldweg *Großspezard* → am **Hof Großspezard** vorbei → bei 66,5 vor Bülsberg ***rechts*** auf den *Bülsberger Weg* (Fahrrad Pfeil) die **Serpentine** steil runter nach Altenberg an den Klosterteichen vorbei,

20 unten am **Parkplatz** ***links*** zur *Neschener Straße* → an der Kurve ***links*** zum Weg *Zu den Teichen* → durch die Unterführung zum 8 Altenberger Dom ♁,

21 am Eugen-Heinen-Platz kurz ***rechts*** → vor dem Parkplatz ***links*** zum 7 Küchenhof Altenberg ***rechts*** neben der Kapelle → vom Küchenhof zu den Pavillons und Kräutergarten → zurück zum 8 Altenberger Dom ♁ und dem Domladen → durch das Tor neben dem Hotel zum Uferweg → ***links*** unter der *Hauptstraße*

69 1 zurück zum Parkplatz des **Restaurants Wißkirchen**.

Herrliche Aussichten

AS Burscheid
Kaltenherberg
Limmringhausen
Lüdorf
Ketzberg
Käfringhausen
Mittelberg
Unterberg
Forthausen
Haussels
Engerfeld
Vorsperre Große Dhünn
Schmitte
Laudenberg
Dörnchen
Dhünnberg
Sträßchen
Lindscheid
Große-Dhünn-
Talsperre
Großgrimberg
Blecher
Dhünn
Bömberg
Viersbach
Hutsherweg
Enkeln
Weiden
Schmeisig
Hüttchen
Müllenberg
Busch
Johannesberg
Küchenhof Altenberg, Altenberger Dom
Bömerich
Richerzhagen
Meiersberg
Grimberg
Eichholz
Feld
Oberossenbach
Unterossenbach
Kürten
Neschen
Großeheide
Bülsberg
Start & Ziel
Winkelhausen
Knappstockberg
Scheuren
Neuensaal
Waldmühle
Olpe
Busch
Kochsfeld
Hachenberg
Petersberg
Bechener Esel
Burg Strauweiler
Kümps
Altensaal
Schwarzeln
Bechen
Weier
Wipperfürther Str.
Kürtener Sülz

Aussicht

Tour 10
In der Mitte des Naturparks Bergisches Land

Von Lindlar zum Alleenradweg Wasserquintett und von Marienheide wieder zurück

Vom Ferien- und Freizeitort Lindlar aus lassen sich viele interessante Ausflüge unternehmen. Auf diesem Weg liegen Kirchdörfer wie Kapellensüng mit gut erhaltenem Brauchtum. Die herrliche Landschaft kann von den Höhenwegen bei

Tour 10	Tourinformationen
Start/Ziel	Marktplatz Lindlar
Länge/Varianten	48 km + Abstecher (8 km Lingesetalsperre), Bahntrassenanteil 12 km / 25%
Ausschilderung	Bergischer Panorama-Radweg, Wasserquintett, Radnetz NRW, Kirchdorfradweg3+1, Radweg Wipperfürth-Lindlar
Wegbeschaffenheit	kleine Nebenstraßen, Wirtschaftswege, Waldwege, gepflasterte Straßen, asphaltierte Bahntrasse, Landstraßen
Steigungen	zwischen Lindlar und Wipperfürth 4 kurze starke Steigungen, hinter Marienheide 800 m bis 10% (Scharder Straße), nach Scheel 600 m bis 12% (Dassiefener Straße), aus Frielingsdorf 500 m bis 11% (Am Dimberg), nach Hinterrübach 700 m bis 11% (Holl)

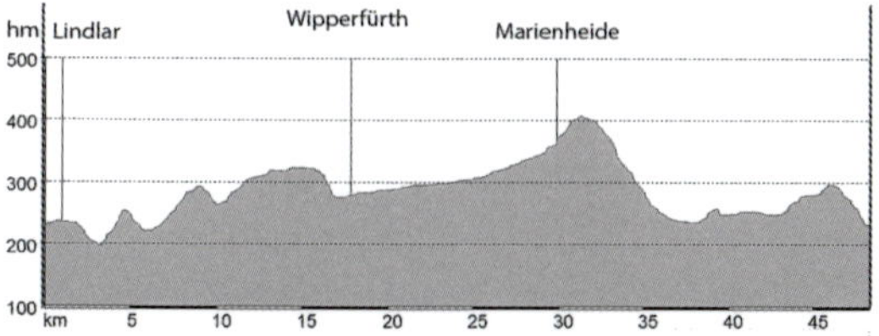

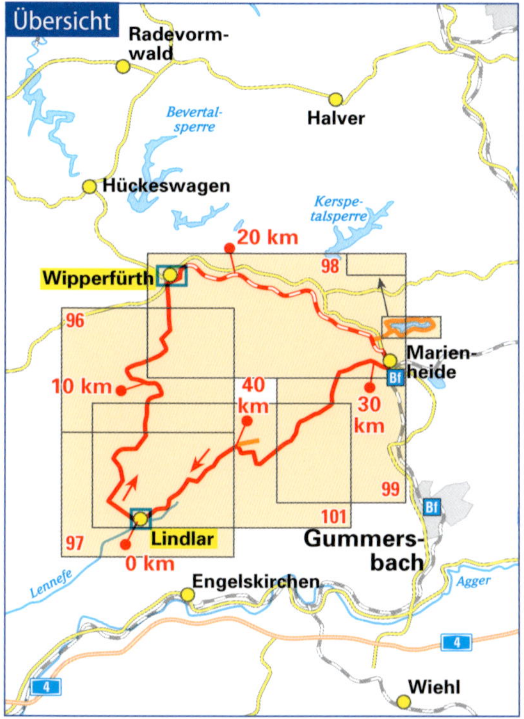

klarer Sicht weit überschaut werden. Selbst bei feuchtem Wetter können (anfangs!) die Wolkenschwaden an den Berghängen für Leute vom platten Land reizvoll erscheinen. Ein Abstecher zu einer der fünf Talsperren am Wasserquintett (hier die Lingesetalsperre) sollte nicht versäumt werden.

DIE TOUR BEGINNT *Am Marktplatz 1 von Lindlar bei der Touristeninformation unterhalb des Kirchplatzes.*

Lindlar

Die Gemeinde Lindlar bietet im Zentrum des Naturparks Bergisches Land seinen Besuchern viele Erholungs- und Freizeitmöglichkeiten. Hervorzuheben ist das **Bergische Freilichtmuseum**. Hier wird das handwerkliche und bäuerliche Leben vor 200 Jahren in originalen Bauten sinnlich vermittelt. Für sein großes ökologisches Kursangebot wurde es durch die UN im Rahmen der Bildung für nachhaltige Entwicklung zweimal hintereinander ausgezeichnet. Das nahe **Schloss Heiligenhoven** hat einen offenen Park im englischen Stil mit altem Baumbestand. An die frühere Arbeitswelt erinnert der Steinhauerpfad (5,6 km Wanderweg vom Steenkuhler Brunnen am Markt) mit Infotafeln zu den Steinbrüchen der trendigen Lindlauer Grauwacke. Thematisiert werden die historischen Bauten auf dem Weg, der alte Bahnhof zum Transport (Sülztalbahn) und das (kurze) Leben der Steinmetze (das witwenreichste Dorf) mit der 300 Jahre alten und heute noch bestehende Steinhauergilde St. Reinoldus.

Nachdem wir am Park vorbei Lindlar verlassen haben, geht es auf kleinen Straßen und Feldwegen über Kirchdörfer nach Wipperfürth. Ein Großstädter mag in den winzigen Orten mit vollen Kirchen einen Zeitsprung in die ländliche Vergangenheit verspüren. Der Campingpark und Reitställe mit Pferdekoppeln sind jedoch ein Beleg für die heutige Freizeitgesellschaft. Nach der Odyssee durchqueren wir die „älteste bergische Stadt" und können nun auf dem Alleenradweg den Autopiloten einschalten.

❶ Alleenradweg Wasserquintett

(siehe Tour 9, S. 81)

Es lohnt sich ein kurzer Abstecher zur

❷ Villa Ohl

Die 200-jährige Fabrikantenvilla von Schinkel ist heute ein Museum der Schwarzpulverherstellung und des doppelt gefahrvollen Transports. Vom Autor, Referenten und Initiator des Museums Harry Böseke wissen wir viel über diese Zeit, z.B. über den längeren Besuch Kaiser Wilhelms II. 1913 bei seinem Freund aus der Marinezeit. Das „bergische Gold" kam nicht nur europaweit militärisch, sondern auch bei der Jagd, den Schützenfesten und bei Sprengungen in Steinbrüchen zum Einsatz. Im gleichen Haus ist eine Bibliothek gegen das Vergessen untergebracht. Sonn- und feiertags ist die Villa von 11:30 bis 13:30 Uhr mit (Vor)Führungen geöffnet.

Zurück oder weiter auf der Trasse entlang der Wipper und den bewaldeten Hängen bietet sich nach 4 km ein Ausflug an zur naturnahen

❸ Lingesetalsperre

Die schmale und wunderschön vom Wald umgebene blaue Talsperre wird heute als einer der ältesten Stauseen (1889) besonders für die Naherholung genutzt. Die bogenförmige Staumauer aus Grauwacke wurde

1998 für weitere 100 Jahre saniert. Es gibt Angler- und Campingplätze, drei Badestellen, Ruder- und Segelbootsverleih mit einer DLRG-Wachstation und ein Restaurant.

Das letzte Stück auf dem herrlichen Bahntrassenradweg Wasserquintett ist nur noch 1,5 km lang. Dann ist die komfortable Wallfahrt zu Ende!

❹ Wallfahrtskirche St. Mariä

Die Wallfahrtskirche wurde 1470 vollendet und ist mit dem Dominikaner Kloster der Ursprung von Marienheide. Sie wurde im spätgotischen Stil mit dicken Pfeilern und schmalen Fenstern erbaut. Die äußerlich schlichte Kirche hat innen drei schmuckreiche barocke Altäre und ein filigranes Chorgestühl aus dem Jahr 1504 mit figurativen Motiven. Nach der Heimsuchung Mariä am 2. Juli findet jedes Jahr eine Festwoche statt. Der katholische Glaube hatte um 1550 nur noch hier und in der Schlosskapelle Gimborn eine Enklave im Bergischen Land.

Lingesetalsperre

Selbstverständlich sollte es erst nach einer seelischen und körperlichen Stärkung im Pilgerort mit einem Stoßgebet wieder aufwärts gehen (wörtlich gemeint). Der mühsame Anstieg in Marienheide zur Dicken Linde mit der Bank lohnt sich. Die nächsten 4 km läuft das Rad, außerhalb der Waldstücke mit einer tollen Aussicht, fast nur bergab.

❺ Schloss Gimborn

Das imposante Schloss im seltsam entrückten uralten Örtchen Gimborn (das 28 wortkarge Einwohnern hat) mit Kirche, Friedhof, Gutshof und Schlosshotel erinnert ein wenig an Graf Draculas Domizil. Adolf zu Schwarzenberg erwarb sich im Kampf gegen die Türken den Grafentitel (Wappen mit kahlem Türkenschädel auf dem ein Raabe hackt!). Sein Sohn hat dann die Gimborner Herrschaft klug und rücksichtslos ausgebaut, bis der ganze Ort im Dreißigjährigen Krieg durch Söldner aller Länder geplündert wurde. In der Schlosskapelle ist die Glocke von 1346 noch mit kryptischen Minuskeln erhalten! Der adlige Besitzer Freiherr von Fürstenberg bewohnt als einziger im Bergischen noch sein Schloss selbst. Er wird merkwürdigerweise nur nachts in seinem schwarzen Umhang gesehen!

Es geht nun weiter hinunter zur Leppetalstraße, bevor die nächste Bergwertung nach Scheel auf uns wartet. Hier sehen wir schon

❻ Burg Eibach

Die ehemalige Wasserburg aus dem 14. Jh. liegt im

Schloss Gimborn

Einflussgebiet von Schloss Gimborn und ist seit dem Brand von 1782 eine Burgruine. Diese ist beliebt als Fotomotiv.

Mit der Ankunft in Frielingsdorf sind wir zurück in der Zivilisation. Bestätigt wird das eindeutig durch die dominante Kirche, die bürgerlichen Restaurants in der Jan-Wellem-Straße und den großen Supermarkt.

❼ Kirche St. Apollinaris

Dieser besonders innen modern wirkende Kirchenbau von 1928 wurde von dem Baumeister Dominikus Böhm (1880-1955) entworfen. Er hat mit Partnern und seinem Sohn Gottfried (Mariendom Neviges) eine neue sakrale Bauform geschaffen, die den Historismus überwand. Der offene Altarraum ist Ausdruck einer Liturgiebewegung zur stärkeren Einbeziehung der Gemeinde in die Messe. Mit dem Licht erzeugte er dazu passende Wirkungen. Die Kirche lässt Besucher wirklich nicht unbeeindruckt.

Auf der letzten Etappe nach Lindlar bietet der Dimberg hinter Frielingsdorf (vorher besteigen) wieder eine schöne Aussicht. Wer jetzt möglichst schnell und leicht nach Lindlar möchte, sollte die Neuenfelder Straße mit straßenbegleitendem Radweg wählen. Am höchsten Punkt befindet sich in der Klauser Straße 77 (bei Holz Richter links) das Restaurant Outback. Die schönere Tour geht allerdings mit zwei Abfahrten an kleinen Siedlungen vorbei. Unterhalb der Steinbrüche kommt man wieder glücklich in Lindlar an.

Wegbeschreibung

km

5 Bei der **Mündung** ***rechts*** auf der Straße *Oberbüschem* an der Pferdekoppel vorbei ➔ hinter Haus 38 ***rechts*** hoch (nicht zum Campingpark und nicht nach Roderwiese) ➔ ***links*** nach Buchholz hoch,

6 oben in **Buchholz** (am Schülerbus) ***links*** ➔ hinter den Höfen ***links*** und nach 20 m ***rechts*** *(A2)* durch bewaldetes Tal ➔ an der Straße *K 18* **links** (Tafel Wanderwege Thier) ➔ beim Teich über den Floßbach **rechts** auf *An der Burg* an Fachwerkhäusern vorbei ➔ ***rechts*** über Kapellenberg hoch nach St. Anna in Thier,

11

7 an der *Johann-Wilhelm-Roth-Straße* beim **Haus Burger** ***rechts*** auf den *Radweg Lindlar Wipperfürth* ➔ nach 200 m schräg ***rechts*** in *Höhenstraße* am Sägewerk vorbei,

8 vor **Hermesberg** nach Klespe runter ➔ nach Wegerhof weiter auf dem breiten Radweg. (weiterlesen auf S. 99)

Schöne Aussicht ins Bergische Land

Wegbeschreibung

km

❶ Start auf dem **Marktplatz** in **Lindlar** an der *Meinerzhagener Straße* ➔ an der der Tourist-Info vorbei in der Gasse *Kirchplatz* hoch zur St. Severin Kirche ➔ kurz ***rechts*** auf der Hauptstraße ➔ ***links*** in *Eichenhofstraße* hoch ➔ hinter Park ***links***,

❷ oben ***rechts*** und ***links*** auf *Altenlinde* ***geradeaus*** ➔ ***rechts*** in **Wald** auf *Altenlinde* Richtung Hartegasse ➔ über die *L 284* ➔ auf *Steinbach* über die Sülz am Teich.

❸ Bei **Haus Nr. 4** ***rechts*** in Wirtschaftsweg ➔ über das freie Feld 80 Höhenmeter (Aussicht) ➔ bei den Höfen ***rechts*** auf *Schüsselberg* und *Lindenfeld* hinunter nach Kapellensüng bis zur Kirche St. Agatha,

6

❹ scharf ***links*** in *Kirchstraße* ➔ ***rechts*** runter nach **Bonnersüng** ➔ über die Bonnersüng und den Bach an der Wiese ➔ zwischen den Häusern ***rechts*** 150 m nach Osten (nicht nach Hartegasse!) ➔ am Feldweg ***links*** nach Norden hoch durch das Tal des Büschemer Bachs am Wald entlang ➔ weiter übers Feld hoch. (weiterlesen auf S. 96 oben)

98
Neye
Leuchtenbirken
Niederwipper
Leiers-mühle
Diebes-herweg
Haufe
Speckenbach
Kerspe-talsperre
Lingesetalsperre
Schmitz-wipper
Linge
Lambach
Klein-
fastenrath
Groß-
Mettberg
Egerpohl
Böswipper
Ibach
Im Hagen
Kerspe
Haar-becke
Gummersbacher Str.
Alleenradweg Wasserquintett
Hochstr.
Stadtplan siehe S. 98
Stilling-hausen
Küppers-herweg
Klas-wipper
Neuen-sturmberg
Ohl
Sauer-landstr.
Villa Ohl
Friedberg
Nou
Rönssahl
Bür-hausen
Wipperfürth
Lendring-hausen
Herzhof
Niedergaul
Münte
Gladbacher Str.
Nagelsbüchl
Alten-
Peppinghausen
Nieder-klüppelberg
Feldhof
Marienheider Str.
Becke
Sassenbach
Jägerhof
Friedrichthal
Klüppelberg
Hollmünde
Wernscheid
Wegerhof
Posthof
Wupperstraße
Wupper
Alleenradweg Wasserquintett
Haus-manns-platz
Lüden-scheider Str.
St. Nikolaus
Hindenburgstraße
West-tangente
Bahnstraße
Dr.-E.-Kersting-Str.
Untere Str.
Surgères-Platz
Markt-platz
Marktstraße
Radium-
Schützen-str.
Hoch-straße
Klosterstraße
Ostland-straße
Wipper-fürth
Gaulstr.
Lenneper Straße
Gladbacher Str.
Ringstraße
Ringstr.
Bergstr.
Roppersthal
Bommers-haus
Klespe
Hermes-berg
Agelsgaul
Obergaul
Königs-heide
Wipperfürther Straße
Gogarten
Rehberg
Schmitz-wipper
Lingesetal-sperre
Mittelweg
Kempers-höhe
Hinter-scharde
Vorder-scharde
Singern
Wallfahrts-kirche St. Maria
Haupt-str.
Kremershof
Dellweg
Schnipp-eringen
Eiring-hausen
Hauerberg
Bergesbirken
Fähnrichs-stüttem
Wingenbach
Oberholl
Abshof
Stüttem
Vorder-
Niederholl
Obersiemering-hausen
Schnipperinger Mühle
Scharder Str.
Marienheide
Ober-flosbach
Graben
mühle
Hinter-
Berrenberg
Siemerkusen

Wegbeschreibung

km

❾ Über die *Siegburger-Tor-Straße* runter nach **Wipperfürth** → an der *Ringstraße* ***rechts*** am Kloster vorbei → über die *Gaulstraße* → gleich ***links*** am Surgere-Platz vorbei.

17 ❿ Über die **Kreuzung** mit der *Untere Straße* auf der *Gartenstraße* über die Wupper → ***rechts*** auf der *Wupperstraße* am Parkplatz vorbei zur Eisenbahnbrücke (Lichtinszenierung),

⓫ ***rechts*** auf dem ❶ Alleenradweg Wasserquintett Richtung Marienheide zu den Ohler Wiesen (Basis-Station Wasserquintett) → bis zur *Dohrgrauler Straße*.

Abstecher Villa Ohl (0,2 km)

24 ⓬ Abstecher ***links*** zur ❷ Villa Ohl über *Gummersbacher Straße* → 100 m auf *Sauerlandstraße* ***links*** → gleichen Weg zurück, dann an ⓬ ***links***.

⓬ Auf der Trasse weiter Im Hassiepen nach Marienheide.

Abstecher Lingsetalsperre (7 km)

⓭ An der Infotafel zu den Pumpen kurz ***links*** runter zum Abstecher zur ❸ Lingesetalsperre zur *Wipperfürther Straße*.

⓭ ***Geradeaus*** weiter bis zum **Kreisverkehr** → ***geradeaus*** auf *Hauptstraße* bis zur Kreuzung mit der ❹ Wallfahrtskirche St. Mariä → ***rechts*** *Leppestraße* → ***rechts*** hoch! in *Scharder Straße*,

30 ⓮ oben an der **Dicken Linde** mit der Bank ***links*** in *Hauerbergerstraße* → ***links*** runter in *Dürhölzener Straße* (Aussicht),

⓯ vor Dürhölzen ***rechts*** in *Kreuzgartenweg* hoch → im Wald stark runter Richtung Gimborn auf *Schlossstraße* bis Schloßhotel mit Gartenterrasse,

⓰ ***links*** zwischen ❺ Schloss Gimborn und der Kirche am Schlossteich vorbei → auf *Leppestraße (L97)* ***rechts***.

Wegbeschreibung

km

⑰ Vor dem *L98* nach **Gummersbach *rechts*** runter auf *Dassiefener Straße* (Radnetz) über die Leppe durch den Wald hoch → oben in Siefen hinter Linkskurve nach Scheel auf *Kurfürstenstraße*.

Abstecher *rechts* in Schießbahn zur ⑥ Burg Eibach (1 km) über die *Eibachstraße* → darauf zurück auf die *Kurfürstenstraße* hinter der Haltestelle.

40 ⑱ Auf *Jan Wellem Straße* ***geradeaus*** nach Frielingsdorf → schräg ***links*** (Haltestelle) weiter zur ⑦ Kirche St. Apollinaris (Radweg links – Einbahnstraße!) → unten auf *Montanusstraße* kurz ***links*** → am großen Kreisverkehr (Wahrzeichen mit Schmiedehammer von S+C, Grauwacke und Blumen - 2011) ***rechts*** in *Ommerbornstraße*,

⑲ vor **Rechtskurve *links*** steil hoch in *Am Dimberg* → 200 m vor der Mündung *Neuenfelder Straße* ***rechts*** in Wirtschaftsweg nach Holl runter → unten am Fachwerkhaus ***links*** auf Holl hoch,

44 ⑳ kurz nach der Straße *Hinterrübach* ***rechts*** auf Schotterweg zum **Trafohaus** → über Vorderrübach schräg ***links*** hoch auf Schotterweg parallel zur *Klauser Straße* unterhalb → durch den Wald über Dillersiefen am Wald und Häusern entlang,

㉑ auf *Borromäusstraße* ***links*** am Krankenhaus vorbei → vor dem Kreisverkehr ***rechts*** in *Hauptstraße* (Fahrradstraße) nach Lindlar → an der alten Schmiede Lamsfuss (Toiletten am Friedhof 200 m) ***links*** in *Mühlenseite* zum Marktplatz mit dem „Steenkühler Brunnen" beim Parkplatz.

Mitten im Bergischen Land

Kirche St. Severin in Lindlar

Lindlar
Start & Ziel
Stadtplan siehe S. 97
Hartegasse
Bonnersüng
Frielingsdorf
Kirche St. Apollinaris
Scheel
Burg Eibach
Gimborn
Schloss Gimborn
Berghausen
Peffekoven
Oberbenningrath
Unterbüschem
Stelberg
Müllerhof
Schüsselberg
Untersteinbach
Heibach
Sütten-bach
Hoffstadt
Ohl
Obersülze
Brungerst
Steinenbrücke
Hönighausen
Holl
Hinterrübach
Vorderrübach
Klause
Weyer
Horpe
Remshagen
Fenke
Kahlbach
Hoher Stein
Dassiefen
Karlsthal
Thal
Oberleppe
Würden
Hagen
Elbach
Flaberg
Deponie
Peisel
Nochen
Niedergelpe
Nordhelle
Obergelpe
Reckling-hausen
Unterpentinghausen
Neuenberg
Mühlenberg
Erlinghagen
Jedinghagen
Boinghausen
Wegescheid
Hülsenbusch
Lützinghausen
Birnbaum
Apfelbaum
Rodt
Breun
Oberhabbach
Niederhabbach
Wolfsschlade
Leppestraße
Gelpestraße
Lindlarer Sülz
Leppe
Gelpe
101

Aggertalsperre

Tour 11
Aus dem Bergischen ins Sauerland

Von Marienheide bis Olpe

Diese Tour führt über das letzte Stück des Bergischen Panorama-Radwegs nach Olpe zum Ruhr-Sieg-Radweg. Vorbei an der Brucher Talsperre und der Genkel-Talsperre gelangen wir zur größten der drei Talsperren, der Agger-Talsperre.

Tour 11	Tourinformationen
Start/Ziel	Bahnhof Marienheide Bf / Bahnhof Olpe Bf
Länge/Varianten	37,5 km, Bahntrassenanteil 8,8 km / 24 %
Ausschilderung	Radnetz NRW, Bergischer Panorama Radweg, Agger-Bigge-Runde
Wegbeschaffenheit	Zu 94 % asphaltiert, 2,2 km Waldweg entlang der Aggertalsperre, straßenbegleitende Radwege, Nebenstraßen, Bahntrasse
Steigungen	Vom Ende Aggertalsperre bis nach Niederense und hinter Pernze bis kurz hinter Wegeringhauser Tunnel leichte bis mittlere Steigung

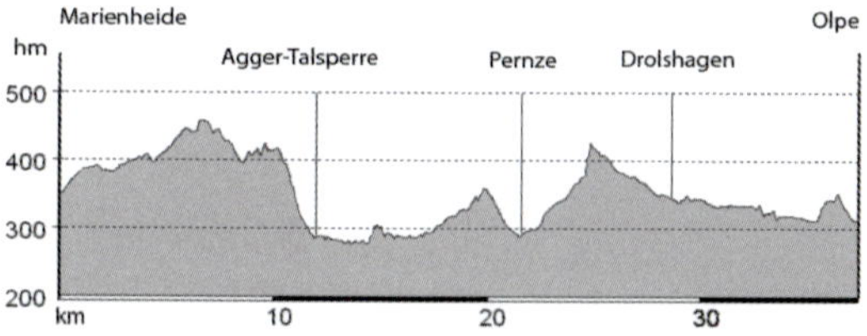

Am See entlang führt die Tour nach Pernze und von dort über den Bahntrassenradweg zum 724 m langen Wegeringhauser Tunnel. Von Drolshagen aus gelangen wir nach Olpe am Biggesee.

DIE TOUR BEGINNT
am Bahnhof Marienheide Bf.

Marienheide

liegt in einer wunderschönen Wald-, Seen- und Hügellandschaft und besonders die Brucher- und Lingese-Talsperre haben einen hohen Freizeit- und Erholungswert. Sehenswert ist die **Wallfahrtskirche St. Mariä Heimsuchung** mit drei prächtigen barocken Altären aus dem 18. Jahrhundert. Nahe der Firma Rüggeberg steht das **technische Denkmal Lambach-Pumpe**. Die Erfindung von Gottlieb Lambach und Sohn Wilhelm revolutionierte Ende des 19. Jahrhunderts die Trinkwasserversorgung in den Bergregionen Mitteleuropas.
Infos unter www.oberwipper.de

Gleich zu Beginn radeln wir oberhalb der Brucher Talsperre mit schönem Ausblick auf den See.

1 Brucher Talsperre

Die Talsperre dient der Brauchwasserspeicherung und dem Hochwasserschutz für das obere Wuppergebiet

Brucher Talsperre

und steht auch für Wassersport und Camping zur Verfügung. Die Länge des Uferweges beträgt 2,7 km.

Museum Haus Dahl

❷ Museum Haus Dahl

Haus Dahl gilt als das älteste Bauernhaus des Oberbergischen Kreises. Es wurde Mitte des 16. Jahrhunderts als Niederdeutsches Hallenhaus erbaut. Die Dauerausstellung zeigt Lebens- und Arbeitswelten der ländlichen Bevölkerung im 19. und Anfang des 20. Jahrhunderts. Infos unter www.museum-haus-dahl.de

Aggertalsperre Staumauer

Im Verlauf fahren wir über die Höhen des Bergischen Landes über Müllenbach und Dannenberg mit Blick ins Tal auf die Genkeltalsperre nach Unnenberg.

❸ Genkeltalsperre

Um die reine Trinkwassertalsperre führen zwei Rundwanderwege, 10 und 14 km lang, die gut befestigt und auch mit dem Rad zu fahren sind.

Ab Unnenberg geht es einen Kilometer bergab mit teils 14% Gefälle zur

❹ Agger-Talsperre

Die Talsperre ragt mit ihren Armen in drei Täler und wird durch die Flüsse Agger, Rengse und Genkel gespeist. Die gewaltige Staumauer ist 230 Meter lang und 45 Meter hoch und wurde von 1927 bis 1929 erbaut. Die Talsperre wird zum Hochwasserschutz und zur Stromerzeugung genutzt. Schwimmen und Wassersport ist auf und im See erlaubt.

Vom Ende des Sees gelangen wir immer leicht bergauf nach Niederrengse und dann wieder bergab nach Pernze. Hinter Pernze radeln wir wieder auf der Bahntrasse zum

❺ Wegeringhauser Tunnel

Wegeringhauser Tunnel

Der 724 Meter lange Tunnel ist der längste auf den Panorama-Radwegen und verbindet das Rheinland mit Westfalen. Auf Grund geschützter Fledermausarten ist der Tunnel von November bis Mitte April geschlossen und kann nur über die B55 umfahren werden. Direkt nach dem Tunnel liegt der renovierte **Alte Bahnhof Hützemert** mit Raststation/Jausenstation und Relikten aus der Eisenbahngeschichte. In einem Waggon, der auf einem Gleis direkt am Haus steht, wurde eine Bühne integriert und ein Hänger dient als Terrasse für die Jausenstation.

Im weiteren Verlauf gelangen wir zur alten Hansestadt ***Drolshagen****, früher ein Knotenpunkt wichtiger Handelswege. Wieder auf Bahntrassen radeln wir der Kreisstadt Olpe entgegen, die an einer der größten Talsperren Nordrhein-Westfalens, dem Biggesee, liegt.*

Hier treffen wir auf den Ruhr-Sieg-Radweg, der in südlicher Richtung nach Kirchen/Sieg führt mit Anschluss an den Siegtal-Radweg Richtung Rhein. In nördlicher Richtung gelangen wir über Finnentrop mit Anschluss an die Lenneroute und den SauerlandRadring nach Meschede/Ruhr mit Anschluss an den RuhrtalRadweg.

Wegbeschreibung

km	
	1 **Bahnhof Marienheide** Bf → ***rechts*** bis zur *Hauptstr.* → dieser nach ***rechts*** auf Radweg oberhalb der **1** Brucher Talsperre folgen → am Kreisverkehr in Rodt ***links*** vorbei auf *Müllenbacher Str.* → am nächsten Kreisverkehr ***geradeaus*** in *Graf-Albert-Straße*, im Verlauf ***links*** halten,
5	**2** nach 600 Metern hinter Insel scharf ***links*** in *Gervershagener Straße* → (zum **2** Haus Dahl hier ***rechts*** in *Am Markt*, 1 km folgen) → am Ende des Ortes ***rechts*** auf *L337 Unnenberger Str.* → am Ortseingang von Dannenberg ***geradeaus*** in *Zum Brinkesnocken*, dann in *Höhenweg* → weiter in Straße *An der Dannemicke* → ***geradeaus*** auf *L337* mit Blick auf die **3** Genkeltalsperre bis Unnenberg.

Aggertalsperre, Seeansicht

Wegbeschreibung

km

❸ Am Ortseingang Unnenberg scharf ***rechts*** → scharf ***links***, der *L337* folgen → **VORSICHT 14% GEFÄLLE** 600 m → an Kreuzung Str. queren, ***links*** auf Radweg entlang *L323 Meinerzhagener Str*.

Empfehlung

Wer die Tour in Ost-West-Richtung fährt, kann den steilen Anstieg mit 14% wie folgt umfahren: In **Lantenbach** ***geradeaus*** auf *L323*, in **Frömmersbach** ***rechts*** und sofort ***links*** durch *Alter Burgweg* in *Langenbergstr*., die im Verlauf ***rechts*** abbiegt und nach **Unnenberg** führt.

11 ❹ Im Tal an der ④ Agger-Talsperre scharf ***rechts*** auf *L337 Derschlager Str.* → am Ende der Staumauer ***links*** in den Wald → den Damm des Rengsebeckens nach ***links*** queren und sofort ***rechts***,

19 ❺ nach Fabrik Lenz in Niederrengse am Wegende ***rechts*** halten, zweimal ***rechts*** abbiegen Richt. Höh/Pernze → Straße bergauf zur Landesstraße, dort ***rechts*** ins Tal.

Variante Aggertal + Aggertalbahn

Am Ende der **Staumauer** (Knoten 38) rechts auf *Hagener Str.*, in **Dümmlinghausen** (Kreisel) ***links*** halten. In **Derschlag** über *Olper Str.*, dann ***links*** auf Bahntrassenradweg **Aggertalbahn**. An Knoten 36 (Karte S. 109) stößt die Hauptroute zu uns.

Wegbeschreibung

km

Bergab bis Kreuzung *B55* → vor Kreuzung ***links*** auf Radweg.

❻ *B55* queren → ***links*** dem Radweg folgen → nächste Straße ***rechts*** *Belmicker Weg* → nach Durchfahrt Viadukt sofort ***rechts*** und oben ***rechts*** auf die **Bahntrasse** → Durchfahrt ❺ **Wegeringhauser Tunnel**, 724 Meter lang → nach Tunnelausfahrt am Ende der Serpentinen ***rechts*** halten, im Tal sofort ***rechts*** auf Radweg → den **Bahnhof Hützemert** umfahren, dem Radweg folgen → im Verlauf die *B55* queren → am Radwegende in **Drolshagen** ***geradeaus*** auf Geh/Radweg → am Ende 300 m der Str. folgen

28 ❼ in Höhe Marktplatz vor dem zweiten Zebrastreifen ***rechts*** auf Straße *Im Höfchen* → am Ende über eine kleine Brücke, danach ***links*** auf *Benolper Str.* → im Kreisverkehr erste Ausfahrt auf *Alte Landstr.*,

❽ nach Linkskurve ***links*** auf Radweg → im Verlauf nach drei Häusern ***rechts/links***, bei KM 32,0 ab 2015 ***geradeaus*** über Viadukt, Haus umfahren und ***links*** immer ***geradeaus*** bis **Biggesee** (falls Viadukt nicht fertig, bei KM 32,0 ***links*** Str. *Zum Oberdorf* hinunter, *Landstr*. queren, bis zum Haus fahren),

35 ❾ am Ende des Radwegs Linkskehre, einen kurzen Anstieg hoch, ***rechts*** halten, am Sportplatz vorbei bis ins Tal nach **Olpe**. Im Kreisverkehr die dritte Ausfahrt ***geradeaus***, dann ***rechts*** halten, hinter Expert-Klein links zum **Bahnhof Olpe** Bf.

Alter Bahnhof Hützemert

Balkon am Biggesee bei Olpe

Bösinghausen
414
Bleche
Schlade
AS Drolshagen
45
Wahlert
501
Schlenke
Dumicke
Eichhagen
Bracht
429
Stade
Auf dem
Dümpel
20
Lieberhausener Str.
Pernze
Germinghausen
Essinghausen
400
Hoher
Ruhr-Sieg-Radweg
Hardt
442
55
Wegeringhauser Tunnel
5
25
Hützenau
Bigge
Alperscheid
Bilstein
107
Zwerstall
Olper Str.
BEPA
Wegeringhausen
Sendschotten
Frenkhausen
34
6
36
Wörde
Hauptstr.
35
54
Imberg
Hützemert
45
3
12
9
Öhringhausen
E41
Attenbach
Olper Str.
400
Siebringhausen
Ziel
Wiedenest
Laubberg
381
Feldmannshof
2
Papenberg
417
Wenkhausen
AS Olpe
Rosenthal
Brachtpe
Drolshagen
Hagener Str.
30
Krähenberg
411
Olpe
Zwerstall
Schwedenkreuz
Gipperich
477
Belmicke
7
Hüppcherhammer
370
Am Bratzkopf
9
Altenothe
Sohl
3
55
8
Eichen
13
Eichenermühle
Eichener Str.
Wormberg
Benolpe
Rummelsberg
Rüblinghausen
Wolfschlade
Neuenothe
Steupingen
481
Hallöh
418
Bruchstraße
109

Informationsstellen i

Allgemein

www.adfc-wuppertal.de

www.panoramaradweg-niederbergbahn.de

www.en-tourismus.de

www.die-bergischen-drei.de

www.dasbergische.de

www.balkantrasse.de

www.panorama-radwege.bahntrassenradeln.de

Tour 1

Heimat- und Verkehrsverein Kettwig e.V., Bürgermeister-Fiedler-Platz 3, 45219 Essen, Tel. 0 20 54 / 22 36, info@hvv-kettwig.de

Tourismus und (Standort-)Marketing, Stadt Heiligenhaus, Hauptstr. 157, 42579 Heiligenhaus, Tel. 0 20 56 / 13-4 55, info@heiligenhaus.de

Touristinformation der Stadt Ratingen, Minoritenstr. 3a, 40878 Ratingen, Tel. 0 21 02 / 5 50-41 11, touristinfo@ratingen.de

Stadt Wülfrath, Am Rathaus 1, 42489 Wülfrath, Tel. 0 20 58 / 18-0, verwaltung@stadt.wuelfrath.de

Tourist-Information der Velbert Marketing GmbH, Friedrichstr. 177, 42551 Velbert, Tel. 0 20 51 / 60 55-0, info@velbertmarketing.de

Tour 2

www.en-tourismus.de

Hattingen Marketing/Tourist-Info, Haldenplatz 3, 45525 Hattingen, Tel. 0 23 24 / 95 13 95, info@hattingen-marketing.de

Stadt Sprockhövel, Rathausplatz 4, 45549 Sprockhövel, Tel. 0 23 39 / 9 17-0, info@sprockhoevel.de

Stadtmarketing für Wetter e.V., Touristinfo, Kaiserstraße 78, 58300 Wetter (Ruhr), Tel. 0 23 35 / 84 01 88, kontakt@stadtmarketing-wetter.de

Stadtmarketing Witten GmbH, Körnerstr. 8, 58452 Witten, Tel. 0 23 02 / 5 81-13 03, info@stadtmarketing-witten.de

Tour 3

www.nordbahntrasse.de

Wuppertal Touristik, Kirchstraße 16, 42103 Wuppertal, Tel. 02 02 / 563 22 70, wuppertaltouristik@wuppertal-marketing.de

Tour 4

Der Bürgermeister, Kaiserstraße 85, 42781 Haan, Tel. 0 21 29 / 91 1-0, kultur@stadt-haan.de

Bergisches Land Tourismus Marketing e.V., Kölner Str. 8, 42651 Solingen , Tel. 02 12 / 88 16 06 65, info@die-bergischen-drei.de

Tour 5

Wuppertal Touristik, Kirchstraße 16, 42103 Wuppertal, Tel. 02 02 / 563 22 70, wuppertaltouristik@wuppertal-marketing.de

Tour 6

Stadt Burscheid, Höhestraße 7-9, 51399 Burscheid, Tel. 0 21 74 / 6 70-0, post@burscheid.de

Bergische Struktur- und Wirtschaftsförderungsgesellschaft mbH, Kölner Straße 8, 42651 Solingen, Tel. 02 12 / 88 16 06 - 60, info@bergische-gesellschaft.de

Stadt Wermelskirchen, Telegrafenstraße 29-33, 42929 Wermelskirchen, Tel. 0 21 96 / 7 10-0, post@wermelskirchen.de

Wuppertal Touristik, Kirchstr. 16, 42103 Wuppertal, Tel. 02 02 / 563 22 70, wuppertaltouristik@wuppertal-marketing.de

Tour 7

Bergische Struktur- und Wirtschaftsförderungsgesellschaft mbH, Kölner Straße 8, 42651 Solingen, Tel. 02 12 / 88 16 06 - 60, info@bergische-gesellschaft.de

Stadt Wermelskirchen, Telegrafenstraße 29-33, 42929 Wermelskirchen, Tel. 0 21 96 / 7 10-0, post@wermelskirchen.de

Tour 8

Stadt Burscheid, Höhestraße 7-9, 51399 Burscheid, Tel. 0 21 74 / 6 70-0, post@burscheid.de

Stadtverwaltung Leichlingen, Am Büscherhof 1, 42799 Leichlingen, Tel. 0 21 75 / 9 92-0, info@leichlingen.de

Tour 9

Stadt Burscheid, Höhestraße 7-9, 51399 Burscheid, Tel. 0 21 74 / 6 70-0, post@burscheid.de

Stadt Wermelskirchen, Telegrafenstraße 29-33, 42929 Wermelskirchen, Tel. 0 21 96 / 7 10-0, post@wermelskirchen.de

Tour 10

Gemeinde Lindlar, Borromäusstr. 1, 51789 Lindlar, Tel. 0 22 66 / 9 60, info@lindlar.de

Tour 11

Bürgerbüro u. Tourist Information Drolshagen, Am Mühlenteich 1, 57489 Drolshagen, Tel. 0 27 61 / 970-0, rathaus@drolshagen.de

BürgerService der Gemeinde Marienheide, Hauptstr. 20, 51709 Marienheide, Tel. 0 22 64 / 4 04 41 11, buergerservice@gemeinde-marienheide.de

Fahrradwerkstätten

Bochum

- KRABO Günter Krautscheid, Vorm Felde 32, Tel. 02 34 / 79 33 71, www.krabo.de
- Stiepeler Büdchen, Kemnader Str. 50, Tel. 02 34 / 47 67 33

Burscheid

- CAMPANA, Industriestraße 53, Tel. 0 21 74 / 6 12 40

Erkrath

- Radsport Michalsky, Schimmelbuschstraße 19, Tel. 0 21 04 / 4 39 19, www.radsport-michalsky.de

Essen

- 2 Rad Schulte, Kirchfeldstr. 11, Tel. 0 20 54 / 9 38 39 54

Haan

- Radsport Mattern, Westfalenstraße 4, Tel. 02 12 / 9 37 46 58, www.radsport-mattern.de

Hagen

- Dieter Klein Zweirad-Center, Lenzmannstr. 4, Tel. 0 23 31 / 2 74 20, www.cycle-klein.de
- Bike Store Hagen, Konkordiastr. 11, Tel. 0 23 31 / 1 71 79, www.bikestorehagen.de
- Zweirad Trimborn, Karlstr. 26, Tel. 0 23 31 / 46 40 40, www.zweirad-trimborn.de

Hattingen

- Fahrräder Hecken, Steinhagen 14, Tel. 0 23 24 / 6 86 80 73, www.fahrraeder-hecken.de
- Fahrrad Wurm, Kreisstraße 31, Tel. 0 23 24 / 5 55 72, www.fahrrad-wurm.de
- Der Fahrradladen, Wuppertaler Str. 3, Tel. 0 23 24 / 2 34 07, www.fahrradladen-sprockhövel.de
- Radsport Sibo, Marxstraße 41, Tel. 0 23 24 / 43 86 73

Hückeswagen

- Radstation bike-tec-sports, Bahnhofstraße 16, Tel. 0 21 92 / 9 17 38 30, www.radstation-hueckeswagen.de

Leichlingen

- Drahtesel, Gartenstr. 14, Tel. 0 21 75 / 15 83 19, www.drahtesel.de
- Braun Fahrradhaus, Mittelstr. 41, Tel. 0 21 75 / 88 38 63

Leverkusen

- Pedale Zweiradhandel GmbH, Birkenbergstr. 30, Tel. 0 21 71 / 4 18 99, www.pedale-lev.de

Radevormwald

- Abels-Zweirad, Kaiserstr. 135, Tel. 0 21 95 / 23 09
- B&S Radsport Schreiber, Gewerbestraße 2-4, Tel. 0 21 95 / 42 35

Ratingen

- 2-Rad Henning, Homberger Str. 19, Tel. 0 21 02 / 84 32 79, www.2rad-henning.de
- 2 - Rad Köther, Eggerscheidter Str. 119, Tel. 0 21 02 / 89 61 93

Remscheid

- Radsport Nagel, Neuenteich 2, Tel. 0 21 91 / 46 90 00, www.radsport-nagel.de
- Motor Eberhardt, Freiheitstr. 147, Tel. 0 21 91 / 29 23 30, www.motor-eberhardt.net
- Hahn Rudolf Radsportservice, Reinwardtstr. 7, Tel. 0 21 91 / 95 33 14
- Torsten Kosela Fahrradhandel, Hastener Str. 87, Tel. 0 21 91 / 4 22 34 36
- Fahrräder Vogt, Lindenallee 32, Tel. 0 21 91 / 5 40 99

Solingen

- Zweirad Legewie, Am Südpark 2, Tel. 02 12 / 81 97 37, www.zweirad-legewie.de
- Radsport Evertz, Merscheider Str. 124, Tel. 02 12 / 33 21 09, www.radsport-evertz.de
- Zweiräder Biernath, Grünstraße 7, Tel. 02 12 / 7 96 10, www.zweiraeder-biernath.de
- Zweiradservice Willi Henkel GmbH, Hildenerstr. 90, Tel. 02 12 / 7 63 00, www.zweiradservice-henkel.de

Velbert

- Zweirad Tüller, Friedrichstr. 246, Tel. 0 20 51 / 25 34 08, www.zweiradshop-tueller.de

Wermelskirchen

- Zweirad-Center Lambeck GmbH, Braunsberger Str. 2, Tel. 0 21 96 / 8 98 95 72, www.zweirad-lambeck.de

Wetter

- Zweirad Niestroj, Osterfeldstr. 43, Tel. 0 23 35 / 7 11 47, www.zweirad-niestroj.de

Wipperfürth

- Radsport Hasberg, Hochstraße 12a, Tel. 0 22 67 / 15 71

Witten

- Fahrradhandel Uwe Fielicke, Ardeystr. 38, Tel. 0 23 02 / 8 26 28
- Ebis-Fahrradservice, Hauptstr. 30, Tel. 0 23 02 / 3 11 23, www.ebis-fahrradservice.de

Wuppertal

- Radfinesse, Haspeler Straße 10, Tel. 02 02 / 8 15 12, www.radfinesse.de
- UTOPIASTADT / Bahnhof Mirke, Mirkerstr. 48, Tel. 02 02 / 39 34 86 557, www.utopiastadt.eu
- Fahrrad Schmalley, Langerfelder Straße 129, Tel. 02 02 / 61 20 95, www.fahrrad-schmalley.de
- Pedalero, Luisenstr. 73, Tel. 02 02 / 30 79 21
- Fahr-Rad Im Tal, Sonnborner Str. 91, Tel. 02 02 / 76 90 46 63, www.fahrradimtal.de
- Radsport Stiefeling, Neuenhofer Straße 28, Tel. 02 02 / 40 12 13
- Der Zweirad - Experte, Friedrich-Ebert-Str. 131, Tel. 02 02 / 42 99 74 90, www.der-zweirad-experte.de
- Dickten Fahrräder, Unterdörnen 93, Tel. 02 02 / 59 10 10, www.dickten-fahrraeder.de
- Fahrrad Wildmann, Obere Lichtenplatzer Straße 353, Tel. 02 02 / 2 54 15 94, www.fahrrad-wildmann.de

Übernachtungsverzeichnis

Im Folgenden finden Sie ADFC-Bett+Bike-zertifizierte in Routennähe befindliche Beherbergungs-Betriebe. Bett+Bike-Betriebe zeichnen sich dadurch aus, dass sie u.a. Radler auch nur für eine Nacht aufnehmen und mit einem reichhaltigen Frühstück bewirten. Die vom ADFC vorgeschriebenen Mindestanforderungen sowie aktuelle Adressen können Sie unter **www.bettundbike.de** erfahren.
Die mit Nummer gekennzeichneten Adressen, finden Sie in der Karte wieder.
Folgende Preiskategorien (unverbindlich, zur Vorauswahl) haben wir für Sie ausgewählt: I bis 30€, II 31-50€, III 51-70€, IV >70€ (Preis pro Übernachtung, eine Person im Doppelzimmer).

Bochum

- GlückAuf-Apartment, Lindener Str. 76, Tel. 02 34 / 41 06 27, Kat.I 1
- Haus Oveney, Oveneyer Str. 65, Tel. 02 34 / 79 98 88, Kat. I-II 2

Drolshagen

- Gasthof „Zum Hobel“, Biggeseestr. 4, Tel. 0 27 61 / 25 82, www.gasthof-zum-hobel.de, Kat. II 3

Essen

- Hotel Hennig, Zur Alten Fähre 27, Tel. 0 20 54 / 12 59 15, www.hotel-hennig.de, Kat.II 4
- Hotel Zur Flora, Landsberger Str. 87a, Tel. 0 20 54 / 9 52 60, www.hotel-zur-flora.de, Kat.II 5
- Hotel Landhaus Knappmann, Ringstr. 198, Tel. 0 20 54 / 78 09, www.landhaus-knappmann.de, Kat.III 6
- Hotel Rutherbach, Ruhrtalstr. 215-217, Tel. 02 01 / 40 88 39 18, www.hotel-rutherbach.de, Kat. II 7
- Schlosshotel Hugenpoet, August-Thyssen-Str. 51, Tel. 0 20 54 / 1 20 40, www.hugenpoet.de, Kat. IV 8
- Hotel auf der Rötsch, Auf der Rötsch 2, Tel. 0 20 54 / 88 18 70, www.hotel-auf-der-roetsch.de, Kat. II-III 9

Hattingen

- Hotel Birschel-Mühle, Schleusen Str. 8, Tel. 0 23 24 / 9 10 08 71, www.birschel-mühle.de, Kat.II 10
- Avantgarde Hotel, Welperstr. 49, Tel. 0 23 24 / 5 09 70, www.avantgarde-hotel.de, Kat.II 11
- Hotel-Restaurant Westfälischer Hof, Bahnhofstr. 7, Tel. 0 23 24 / 2 35 60, www.hotel-westfaelischer-hof-hattingen.de, Kat. II 12
- Hotel Restaurant Zur alten Krone, Steinhagen 8, Tel. 0 23 24 / 50 67 71, www.zur-alten-krone.de, Kat. II 13
- Haus am Stadttor, Steinhagen 21, Tel. 0 23 24 / 9 10 10 72, Kat. II 14

Hückeswagen

- Campingpark Bever-Talsperre, Großberghausen 18, Tel. 0 21 92 / 20 18, www.camping-bever.de, Kat. I 15

Lindlar

- Jugendherberge Lindlar, Jugendherberge 30, Tel. 0 22 66 / 52 64, jugendherberge-lindlar.jimdo.com, Kat.I 16

Mülheim an der Ruhr

- Hotel „Mintarder Wasserbahnhof“, August-Thyssen-Str. 129, Tel. 0 20 54 / 9 59 50, www.hotel-wasserbahnhof.de, Kat.II 17

Solingen

- Jugendherberge Solingen - Burg, An der Jugendherberge 11, Tel. 02 12 / 4 10 25, www.solingen-burg.jugendherberge.de, Kat.I 18

Velbert

- Jugendherberge / Gästehaus Velbert, Am Buschberg 17, Tel. 0 20 51 / 8 43 17, info@djh-velbert.de, Kat.I 19

Wermelskirchen

- Hotel-Restaurant "Zum Schwanen", Schwanen 1, Tel. 0 21 96 / 71 10, www.zumschwanen.com, Kat. II-III 20

Wetter

- Hotel-Restaurant Henriette Davidis, Trienendorfer Str. 8, Tel. 0 23 35 / 74 11, www.davidis.de, Kat.II 21
- Hotel-Restaurant Elbschetal, Kirchstr. 2-4, Tel. 0 23 35 / 8 47 30, www.elbschetal.de, Kat. II 22
- RuhrPension / Landgasthaus „Wengern“, Kirchstr. 1, Tel. 0 23 35 / 97 50, www.ruhrpension-wengern.de, Kat. II 23

Wipperfürth

- Jugendherberge Wipperfürth, Ostlandstraße 34, Tel. 0 22 67 / 12 28, www.wipperfuerth.jugendherberge.de, Kat.I 24

Witten

- Ringhotel Parkhotel Witten, Bergerstr. 23, Tel. 0 23 02 / 58 80, www.riepe.com, Kat.II 25
- Hotel Haus Hohenstein, Hohenstein 32, Tel. 0 23 02 / 58 00 00, www.hotel-hohenstein-witten.de, Kat.II 26
- Pfannkuchenhof, Meesmannstr. 85, Tel. 0 23 02 / 7 95 09, www.pfannkuchenhof.de, Kat. I 27
- Hotel Reesenhof, Bodenborn 64-66b, Tel. 0 23 02 / 39 00 57, www.hotel-reesenhof.de, Kat. II 28

Wuppertal

- Jugendherberge Wuppertal, Obere Lichtenplatzer Str. 70, Tel. 02 02 / 55 23 72, www.jugendherberge.de/Jugendherbergen/Wuppertal469, Kat.I 29

Impressum

4. Auflage 2020

www.fahrrad-buecher-karten.de

Herausgeber: BVA BikeMedia GmbH, Bielefeld

Titelfoto: © radrevier.ruhr / Schlutius

Fotos: Peter Flesch (S. 21, 23, 25, 31, 33, 64, 65, 66, 67, 74, 78, 80, 81, 82, 83, 90, 92, 94, 95, 96, 100,), Fred Loose (8, 9, 10, 16, 18, 22, 32, 34, 37, 40, 41, 42, 43, 44, 48, 52, 53, 54, 56, 57, 60, 61, 62, 72, 77, 84), istock-schulzhattingen (S. 20), LWL-Industriemuseum Zeche Nachtigall (S. 28), Frank Vincentz / wikipedia (S. 28) und Kristine Löw / Bergische Entwicklungsagentur GmbH (S. 1, 30, 105), Bernhard Lubeley (S. 102-108)

Texte: Peter Flesch (Wegbeschreibungen für Tour 4, 5, 6: Fred Loose, alle Texte Tour 11: Bernhard Lubeley)

Tourenkonzept: Marc Rathgeber, Klaus Lang, Lorenz Hoffmann-Gaubig, Peter Flesch, Fred Loose, Wirtschaftsförderungsagentur Ennepe-Ruhr GmbH (Tour 2), Bergische Entwicklungsagentur (Tour 7)

Gestaltung: Krückemeier Medien, Bielefeld

ISBN: 978-3-87073-965-2

DANKSAGUNG: Besonders danken möchten wir Klaus Lang, Lorenz Hoffmann-Gaubig, Anette Nothnagel, Marc Rathgeber, Georg Blanchot und Bernhard Lubeley.